AF452550

LA VOIE SACRÉE

Le Service automobile à Verdun

(Février-Août 1916)

Par PAUL HEUZÉ

LA RENAISSANCE DU LIVRE

...ILEVARD SAINT-MICHEL, PARIS

LA VOIE SACRÉE

LES CAHIERS DE LA VICTOIRE

LA VOIE SACRÉE

Le Service automobile
à Verdun

(Février-Août 1916)

Par PAUL HEUZÉ

LA RENAISSANCE DU LIVRE
78. BOULEVARD SAINT-MICHEL. PARIS

LA VOIE SACRÉE

Le 25 mars 1916, le directeur des Services automobiles à l'Etat-Major général envoyait aux troupes placées sous ses ordres la note suivante :

« Le chef d'escadron directeur des Services automobiles est heureux de communiquer aux officiers et hommes de troupe du Service automobile les félicitations du général en chef, contenues dans l'ordre n° 1. S. du 19 mars 1916, ci-joint.

« Chacun en appréciera le prix et aura à cœur de redoubler d'efforts pour que le service entier mérite, dans l'accomplissement des besognes futures, la précieuse marque d'estime dont viennent d'être l'objet les formations qui opèrent depuis plus d'un mois avec les troupes de Verdun.

« *Signé :* GIRARD. »

Suivait l'ordre du général en chef, daté du 19 mars :

« Depuis la reprise des opérations actives dans la région de Verdun, le Service automobile a fourni un très gros effort pour assurer les transports de troupes et de ravitaillement. Grâce à la bonne organisation des mouvements d'une part, à l'endurance et au dévouement du personnel d'autre part, ces transports ont été exécutés avec la plus grande régularité et dans un ordre remarquable. Le général en chef exprime toute sa satisfaction au personnel de direction et d'exécution du Service automobile ayant participé à ces transports.

« Signé : JOFFRE. »

Ces paroles, qui devaient apporter à l'avant, aux troupes automobiles, un légitime sentiment de fierté et de joie, furent répandues dans la zone de l'intérieur par la voie de la presse (1).

Depuis quelque temps, l'opinion publique, ments plus justes; les affaires de l'Artois et d'abord assez défavorable aux automobilistes, avait commencé de revenir à des senti-

(1) Publiées dans le Bulletin des Armées du 5 avril 1916.

de la Champagne avaient ouvert bien des yeux. La révélation de Verdun fit s'achever, d'un coup, ce mouvement de volte-face. Ou faillit même, — il en est souvent ainsi dans les affaires humaines, — aller un peu loin et tomber d'un excès dans un autre et peu s'en fallut que l'on n'applaudît les quelques exaltés qui criaient très fort :

— Ce sont les automobilistes qui ont sauvé Verdun !

Par la suite, les choses furent mises au point ; et, aussi bien, la vérité toute nue, ici comme partout ailleurs, était encore préférable.

Ce que le général en chef voulait dire, et disait si bien, ce n'était pas précisément que les automobilistes avaient sauvé Verdun ; mais c'est qu'ils avaient joué, auprès de leurs camarades des autres armes, un rôle de la plus haute importance ; c'est qu'ils avaient aidé puissamment à l'action de l'infanterie, c'est qu'ils avaient *rendu possible* la riposte immédiate de nos canons aux canons de l'ennemi. Ce qu'il voulait dire aussi, en les mettant à l'honneur, c'est qu'ils avaient vraiment été à la peine ; c'est enfin que, de ces pages épiques, ils avaient écrit quelques-unes, en les éclaboussant d'un peu de leur sang !

Ainsi donc le Service automobile avait

maintenant sa place marquée officiellement auprès des armées combattantes : simple organe de transport au début de la campagne, il s'était manifesté peu à peu comme une force de guerre, dont les autres forces de guerre ne pouvaient plus se passer.

Les automobilistes continuèrent donc, autour de Verdun sauvé, leur labeur quotidien. Avril, mai, juin, juillet, août furent encore de rudes mois. Puis tout s'apaisa : l'ennemi, battu, décimé, écrasé, renonçait définitivement à sa magnifique proie.

Le moment a paru venu de tenter, avec le recul nécessaire, de faire le récit des événements du printemps de 1916, au point de vue très particulier des *transports automobiles*, et d'explorer, si l'on peut s'exprimer ainsi, ce coin des « coulisses » du formidable drame.

I

Où en était le Service automobile, le 21 Février 1916

Pour comprendre où en était le Service automobile à la fin du mois de février 1916, et de quels moyens il disposait alors, il est nécessaire de remonter un peu plus haut et de résumer, brièvement, ses divers développements depuis le premier jour de la mobilisation.

On a dit parfois que le Service automobile est une « création » de la guerre. Prise dans son sens absolu, cette expression ne serait pas exacte. Le Service automobile était *créé* bien avant la guerre, et son organisation avait même été tracée dans ses moindres détails, avec beaucoup plus de précision qu'on ne le suppose généralement. Toutefois, il n'existait, pour ainsi parler, qu'à l'état de *projet.* S'il était permis de le comparer à un être vivant, on pourrait dire qu'il était « conçu, » qu'il n'était pas « né : » ses éléments, cachés et dispersés aux quatre coins de la France, n'avaient jamais été rassemblés au grand jour. On pourrait dire encore, en se servant d'une autre image : c'était, non pas un corps sans âme, mais, au contraire, une *âme sans corps!* Enfin, surtout, personne, même parmi ceux qui avaient médité longuement sur ses destinées, n'avait pu prévoir l'importance qu'il devait prendre au cours de cette guerre.

La mobilisation du Service automobile avait été préparée, en temps de paix, par l'Etat-major de l'armée, notamment par la section automobile du quatrième bureau, qui était spécialisée dans l'étude des questions concernant l'emploi des véhicules automobiles dans la guerre (1).

L'Etat ne possédant pour ainsi dire pas de matériel automobile, on comptait, pour satisfaire aux besoins militaires, sur la réquisition des voitures appartenant à des particuliers. Ces voitures étaient connues au moyen d'un *recensement,* qui avait lieu au début de

(1) *Instruction provisoire sur l'utilisation en temps de guerre des véhicules automobiles,* 17 avril 1913. — *Instruction sur la réquisition des voitures automobiles pour les services de l'armée,* 21 mars 1914.

chaque année : le recensement était suivi d'un *classement,* sur lequel était fondé un *plan de réquisition.*

Pour les voitures de tourisme, il n'y avait aucune difficulté : il y en avait alors, en France, environ 80.000, et il n'en fallait que quelques milliers aux armées : la réquisition devait donc fournir, et elle a fourni, en effet, largement, tout ce qui était nécessaire.

Pour les véhicules de « poids lourds », malheureusement, on ne pouvait pas compter, pour en avoir beaucoup et de bons, sur l'initiative privée. Le ministère de la Guerre avait donc pris certaines mesures préparatoires, parmi lesquelles l'une des plus efficaces était le système dit des «primes : » au moyen d'un concours annuel, l'Etat, d'un côté, désignait officiellement les voitures-types qui lui paraissaient remplir toutes les conditions du programme qu'il avait imposé, et, d'autre part, versait une indemnité en espèces à tout acquéreur d'une voiture de ce type primé. Ainsi le gouvernement encourageait, ensemble, et le constructeur et l'acquéreur et, par une sorte de coup double, il s'assurait, à la fois, et le grand nombre et la bonne qualité.

Enfin, un plan particulier avait été préparé pour l'organisation des unités provenant de la Compagnie générale des Omnibus, réservées au transport de la viande.

Mais, lorsqu'il s'agit d'automobiles, il ne suffit pas d'avoir du matériel et de posséder beaucoup de voitures : il faut encore, ces voitures, les entretenir en bon état de roulement. De là l'importance des organes de l'arrière, des organes de *réparation*. On avait donc prévu, pour l'entretien et les réparations des véhicules, des *sections de parc*, sortes d'ateliers, dont la réunion, par deux ou trois, constituait, pour chaque armée, un *parc automobile de réserve*.

Le coup de foudre du 2 août éclata. Aussitôt des commissions de réquisition commencèrent leurs opérations dans toute la France; et les choses se passèrent exactement comme il avait été ordonné : dès le 3 août, des unités automobiles étaient à la disposition des troupes de couverture, des voitures de tourisme se rendaient aux divers états-majors, des sections de ravitaillement en viande fraîche (R. V. F.) se mettaient en route, ainsi que quatre groupes d'autobus pour les transports de personnel. Il n'y eut, en somme, aucun mécompte; tout se passa, dans l'ensemble, avec *ordre* et *rapidité* : c'était l'essentiel.

Vers le 31 août, il y avait, aux armées, de 9.000 à 10.000 véhicules, parmi lesquels 6.000 camions, presque tous de types primés; et chaque armée avait son *parc automobile,* qui la réapprovisionnait et assurait ses réparations.

C'est, sans doute, pendant le mois d'août 1914, au cours de la retraite, comme durant la bataille de la Marne, que se dessina décidément le rôle considérable que le Service automobile était destiné à jouer dans la guerre moderne. Des automobiles, il en fallait, il en faudrait de plus en plus!... Ce fut donc alors la chasse à tout ce qu'il y avait de disponible, à tout ce qu'il y avait en construction, à tout ce qu'il y avait de prévu, en France, en Italie, en Amérique (1). Toute l'an-

---

(1) Cette question a été parfois posée : Pourquoi tant d'achats à l'étranger, alors que l'on peut, à juste titre, considérer la production française comme la meilleure? — Le Service automobile a répondu à cela par deux excellentes raisons : la première, c'est que nos besoins dépassaient de beaucoup, pendant longtemps, les limites de notre production; et cette raison suffirait à elle seule!... La seconde, c'est qu'il était extrêmement intéressant, à un moment donné, de faire des achats de matériel aux Etats-Unis pour éviter que ce matériel n'allât prendre du service chez les Boches! Ces achats, d'ailleurs, cessèrent peu à peu.

née 1915, on peut le dire, fut employée à cette augmentation progressive du matériel automobile et, en même temps, conséquence naturelle, à l'organisation définitive de tout le service. Au 31 Décembre 1915, il y avait environ 34.000 véhicules, et qui roulaient dans des conditions et avec des règlements nettement établis (1).

Il ne saurait être question d'exposer ici l'organisation complète du Service automobile. Mais l'indication de certains détails, — et, certes, je m'excuse pour tant d'arides préliminaires, — est absolument nécessaire. Rien n'a été publié sur ce sujet, et si tout le monde, aujourd'hui, sait ce que c'est qu'un camion, qu'une camionnette, qu'une sanitaire, beaucoup ignorent ce qu'est un *groupe,* un *groupement,* une *réserve:* or, il est impossible, sans ces quelques notions, de comprendre l'action du Service automobile dans une grande bataille.

Un camion automobile, en général, n'est pas employé isolément : il fait partie d'une *section,* comprenant dix-sept à dix-huit ca-

____

(1) On a lancé, sur cette question de l'effectif des Services automobiles, les chiffres les plus fantaisistes. Au 11 novembre 1918 (armistice), il y avait, dans la zone des armées, 97.000 voitures automobiles, avec un personnel de 105.000 hommes.

mions, plus un camion-atelier (1). Une section de camions s'appelle, — pour ne parler d'abord que de celles qui nous intéressent le plus, — section T. M. (transport de matériel) ou section T. P. (transport de personnel), cette dernière composée parfois d'autobus, tout comme la section R. V. F. Quatre sections réunies forment un *groupe* (soixante-dix à quatre-vingts camions) commandé par un capitaine, et correspondant, comme *capacité*, à un bataillon d'infanterie, ou bien à un jour de vivres théoriques pour un corps d'armée à deux divisions, ou bien à deux lots de munitions. Le groupe est l'unité tactique du Service automobile, autrement dit c'est l'*unité-type* utilisée pour les ravitaillements de toute nature et pour les transports de troupes.

Mais, assez tôt, c'est-à-dire à la fin de l'année 1914, il arriva, comme plusieurs groupes travaillaient ensemble dans la même région, qu'on fut amené à les réunir à leur tour, par six, sous le nom de *groupement* : le groupement avait la capacité de transport d'une brigade, qui est la plus forte unité d'infanterie pure. Or, — tout cela s'enchaîne, — à l'époque même où cette transformation s'accom-

---

(1) Je me place, bien entendu, à la date du 31 décembre 1915, et sans tenir compte de certaines modifications qui se sont produites depuis.

plissait, les transports de troupes commençaient à prendre des proportions telles qu'il devenait évident que les formations automobiles *appartenant en propre à chaque armée* seraient bientôt incapables d'y suffire. Une armée, en effet, a ses besoins de ravitaillement quotidiens, qu'il faut d'abord assurer : on ne peut songer qu'après aux transports de troupes, et, cependant, ces transports prenaient précisément, aux yeux du commandement, une importance de premier ordre!

C'est l'idée du groupement, tel qu'il avait été essayé dans une armée, qui amena tout naturellement cette autre idée : d'abord d'avoir, *en dehors des armées*, des groupements de renfort, capables d'être utilisés en un point donné, puis, lorsqu'on eut plusieurs de ces groupements indépendants, de les réunir, à leur tour, sous un commandement unique : ainsi naquit, au mois d'avril 1915, la première *Réserve de transports à la disposition du général en chef.*

Une *réserve* est donc constituée par une réunion de groupements toujours prêts à se porter, au moment voulu, sur telle partie du front où l'on prévoit des opérations importantes, et elle se compose généralement de 1.000 à 1.200 véhicules : ce chiffre, très variable, peut aller jusqu'à 1.500.

Réserves, groupements et groupes sont désignés par les noms des officiers qui les commandent. Exemples : Réserve Rigaudias, groupement Bouillet, groupe Frogé; les sections, au contraire, sont toujours désignées par leurs numéros : Exemples : T. M. 672, T. M. 182, T. P. 63, etc.

Si, à côté de ces réserves, qui sont à la disposition du haut commandement, et à côté des groupements ou des groupes qui appartiennent à chaque armée, nous mentionnons (également sous les ordres de l'armée) les sections de ravitaillement en viande fraîche (R. V. F., neuf ou quatre autobus, une R. V. F. par division), et les sections sanitaires (S.S., vingt voitures, une S.S. par division) (1), nous aurons une idée suffisante des points essentiels qui caractérisent le travail du Service automobile dans une affaire comme celle de Verdun.

Cependant, quelques mots encore. Il ne faudrait pas croire que des transports, de quelque nature qu'ils soient, vivres, munitions, matériel du génie, artillerie, troupes, puissent s'accomplir au hasard : il y faut, au contraire, beaucoup de méthode.

____

(1) Mais les voitures sanitaires, il faut le signaler, roulent isolément.

En principe, sur le papier, rien ne paraît plus simple que de transporter une division : cela consiste à prendre des troupes dans une zone A et à les déposer dans une zone B ! — En fait, on se heurte à mille difficultés.

D'abord dans la zone d'embarquement, où, la division n'étant pas disposée en bloc, mais, au contraire, disséminée dans de nombreux cantonnements, il faut installer une série de « chantiers d'embarquement » : nécessité de placer les éléments d'infanterie de telle façon qu'ils n'aient pas à faire un long trajet à pied ; grande discipline dans l'embarquement lui-même, pour lequel plusieurs méthodes sont en présence ; enlèvement des bagages qui, souvent, sont dispersés dans vingt villages assez éloignés les uns des autres, etc., etc...

Ensuite, sur la route. Cela irait tout seul, en effet, s'il s'agissait toujours de routes nationales, très larges ! Mais, le plus souvent, il faut rouler sur de petits chemins, voire des « pistes » : ajoutez à cela les encombrements, les croisements, les pannes ; le chef du groupement automobile a donc une tâche assez compliquée ! Aussi a-t-il, pour l'assister, quelques officiers adjoints, qui constituent l'Etat-Major du groupement, et qu'il suffira de nommer pour faire ressortir le rôle particulier de chacun d'eux : officier orienteur, officier *commissaire de route*, officier *technicien*, officier *serre-file général*, etc...

Enfin lorsqu'on arrive dans la zone de débarquement, un problème se pose encore, le même que pour l'embarquement, mais avec cette complication que les points de débarquement sont souvent mal connus : Le commandement, généralement, n'a pas eu le temps de les fixer d'avance! On s'en tire en organisant, à peu de distance des lieux d'arrivée, des « points de régulation », où chacun des groupes automobiles, au passage, reçoit l'indication de sa destination finale.

Ajoutons que ces diverses réglementations avaient eu maintes fois l'occasion de faire leurs preuves dans le courant de l'année 1915, particulièrement dans l'Artois et au cours des attaques de Champagne; et c'est ainsi qu'il apparaissait clairement : qu'on avait, avec le Service automobile, un organe de transport absolument au point, qu'il n'y avait plus qu'à entretenir et à développer.

*
* *

On avait été amené à se demander, pourtant, s'il ne restait pas un perfectionnement à réaliser, par l'organisation de la *route* elle-même.

Expliquons-nous.

On avait obtenu la discipline parfaite des convois, *en eux-mêmes;* mais il arrivait souvent que ces convois, une fois mis en mouvement, se heurtaient à toutes sortes d'obstacles provenant des hasards de la route : autres convois coupant tout à coup le chemin, encombrements aux croisements, passages à niveau obstrués, voitures à chevaux ralentissant tout, etc. On avait donc envisagé la possibilité, dans le cas de transports de grande intensité et de grande importance, d'une organisation centrale, qui eût la haute main *sur toutes les opérations susceptibles de se dérouler sur une route donnée.* Vers la fin de 1915, et en janvier 1916, la direction des Services automobiles étudiait, à ce point de vue, la création d'un organe nouveau, d'une sorte de commission *régulatrice,* dont les grandes lignes seulement étaient à peine tracées, et qui, en même temps qu'elle fixerait le mode de travail des unités de transport, assumerait aussi la tâche de garder la route de tout accident imprévu.

Sous quelle forme exercerait-elle ce contrôle? Quelle extension pourrait prendre son autorité? De quel personnel devrait-elle disposer? — Tout cela était encore vague : on cherchait, sans spécialement se presser.

Or, c'est précisément au milieu de ces préoccupations que, brusquement, brutalement, « Verdun » allait éclater.

II

Les préparatifs de la bataille

« Pendant toute l'année 1915, le secteur allemand de Verdun était seulement occupé par six divisions, qui se trouvaient devant la place depuis la bataille de la Marne. L'attaque projetée par l'ennemi devait consister dans un coup droit, une marche rapide du Nord au Sud, sur les Hauts de Meuse, entre le fleuve et la plaine de Woëvre. Pour préparer cette attaque, les Allemands avaient renforcé leurs troupes de neuf divisions, dont une sur la rive gauche... En dehors du théâtre des opérations de Verdun, l'ennemi avait encore huit divisions disponibles sur le front français, auxquelles il pouvait faire appel.

Le 21 février, à sept heures quinze, l'artillerie allemande ouvre le feu et inonde nos premières lignes de projectiles de tout calibre. ainsi que d'obus lacrymogènes et asphyxiants. Pendant neuf heures, nos tranchées du centre, aux bois des Caures et de la Ville, sont soumises à un intense bombardement (1); les premières lignes sont nivelées, mais le terrain est disputé pied à pied : au cours de la première journée, l'ennemi n'arriva qu'à peine à nos tranchées de soutien.

« Mais il accentue sa pression... Le 22, les Allemands attaquent à nouveau le bois des Caures et le bois de Consenvoye; le soir, ils pénètrent dans les ruines du village d'Haucourt; dans la nuit du 22 au 23, nous évacuons Brabant; le lendemain, l'ennemi déborde nos positions à la Wavrille, ce qui nous force à abandonner l'Herbebois, menacé d'être pris d'enfilade; le soir du 23, le village de Samogneux est considéré comme perdu (2)... »

Ainsi venait de commencer, dans la stupéfaction et l'angoisse, « la plus grande bataille de la plus grande guerre (3) ! »

L'attaque sur Verdun avait-elle été prévue par nous? Grave et délicate question! Le Haut Commandement s'est expliqué à ce su-

---

(1) Pendant ces neuf heures, *plusieurs millions* d'obus furent crachés par plus de 2.000 pièces d'artillerie.

(2) *Bulletin des Armées de la République,* 1er novembre 1916.

(3) Henry Bordeaux: *Les derniers jours du fort de Vaux.*

jet dans le *Bulletin des Armées* (fin mars 1916) : ce ne serait, ici, ni le moment ni le lieu de reprendre cette discussion.

Quoi qu'il en soit, et voici d'ailleurs le seul point qui nous intéresse, c'est le 18 février que le Service automobile reçut l'ordre de se préparer, sans perdre un instant, pour une grande poussée allemande sur le front de la Meuse.

Le capitaine Doumenc, adjoint au directeur des Services automobiles à l'Etat-Major général, alors à Chantilly, partit immédiatement, envoyé par le commandant Girard : il arrivait à Bar-le-Duc le samedi 19, dans la soirée.

Quel était alors le problème à résoudre et quelles étaient les ressources dont on disposait ?

Le problème était le suivant :

1° Faire affluer dans la région de Verdun environ 2.000 tonnes de munitions par jour, en moyenne ;

2° Transporter les vivres et matériels divers nécessaires aux grandes unités, — soit environ 100 tonnes par division, — et prévoir quinze à vingt divisions ;

3° Assurer le transport des troupes montantes et descendantes : prévoir quinze à vingt mille hommes par jour ;

4º Procéder à l'évacuation du matériel de toute nature existant dans la place de Verdun.

On ne pouvait compter en rien sur le chemin de fer, l'*unique* ligne qui desservait Verdun, par Sainte-Menehould, devant fatalement être coupée par les premiers tirs allemands dans la boucle d'Aubréville : de fait, elle ne cessa, pendant des mois, d'être alternativement détruite et refaite. Quant au petit chemin de fer Meusien, « tortillard » à voie étroite (1), qui longe à peu près la route Bar-le-Duc-Verdun, il devait certes rendre d'immenses services et il faut le saluer ici : mais sa capacité était, au grand maximum, de 800 tonnes par jour.

Le ravitaillement et les troupes ne pouvaient donc être amenés de l'intérieur, pratiquement, que jusqu'à Bar-le-Duc, point extrême; et, dans ces conditions, le Service automobile, en utilisant la route à partir de Bar, — 65 kilomètres environ, — devait, lui seul, répondre de tout.

Or, ses ressources, dans cette région, étaient maigres!

On a écrit que « le trafic automobile était

---

(1) Rappelons, sans commentaire, que les Allemands avaient, pour les servir, un réseau *d'une dizaine de voies ferrées.*

prévu pour approvisionner 250.000 hommes (2) ». Rien n'est moins exact. Pour les vivres, les munitions, le matériel et la relève des troupes, l' « approvisionnement » de 250.000 hommes représente environ 6.000 tonnes et exigeait, en plus du Meusien, à une telle distance et en tenant compte du roulement, au moins quarante-cinq groupes automobiles. On était loin de compte : dans la région de Verdun, il y avait, en tout et pour tout, les unités automobiles de la 3ᵉ armée, commandées par le commandant Vigneron, et celles de la Région fortifiée de Verdun (R. F. V.), commandées par le capitaine Lebel : cela représentait, au total, exactement *dix groupes!*...

Il fallait donc chercher ailleurs.

Parmi les Services d'armées, un seul était utilisable, celui de la 2ᵉ armée. La 2ᵉ armée, en effet, avait été renvoyée dans l'Oise au début de janvier; mais ses Services automobiles étaient constitués, et cantonnaient alors dans la région de Vitry-le-François, avec leur parc planté à Aulnay-l'Aître. Ils comprenaient sept groupes, sous le commandement du commandant Ballut : on pouvait se les adjoindre.

(2) *Almanach Hachette* 1917, p. 96. — Dans le même passage, il est dit, par erreur, que le *Meusien* avait une capacité journalière de 2.000 tonnes!

C'était donc aux *réserves* et *groupements* appartenant à l'Etat-Major général qu'il fallait surtout faire appel ; et, certes, il n'y eut jamais une plus éclatante justification de leur création.

Voici l'énumération exacte de ces Services de réserve, à la date du 19 février :

Dans la région de Châlons : la réserve Rigaudias, comprenant trois groupements (groupements Mallet, Stenbock, Bouchet) et capable de transporter trois brigades (dix-huit groupes).

Dans la région de Beauvais : les groupements Collot et Le Blant, pouvant constituer (1), avec le groupement Korn (voir ci-dessous), une réserve, capable de transporter trois brigades.

Dans la région de Frévent : le groupement Korn.

Enfin, dans la région de Charmes : le groupement indépendant Barthez ; celui-ci n'était pas constitué, ses éléments, après l'attaque de Champagne, ayant été reversés provisoirement à la 7ᵉ armée et au Détachement d'armée de Lorraine (D. A. L.). Mais il pouvait se réaliser en trente-six heures.

Le groupement Korn ne pouvait être dé-

(1) Cette constitution avait même été ordonnée le 14 février.

placé parce qu'il était, à ce moment, « à la disposition du général Foch. » *Mais, tout le reste, on le prit.*

Des ordres furent immédiatement lancés.

Les groupes Ballut, de l'ancienne 2e armée, et la réserve Rigaudias arrivèrent les premiers. La réserve Collot, constituée avec ses deux groupements (le groupement Collot, devenu groupement Ferté, et le groupement Le Blant) arriva le 21 février après avoir assuré, en cours de route, le transport de l'infanterie du 1er corps, embarqué, au passage, à Ville-en-Tardenois : Ce transport, disons-le en passant, effectué en deux nuits, avec un temps d'arrêt à Vitry-le-François, présenta d'effroyables difficultés à cause du verglas qui couvrait les routes (il y eut particulièrement des heures horribles dans la côte de Montmort). Or sa réussite était de la plus haute importance, puisque c'est elle seule qui a permis de mettre en place *en temps utile, dans la brèche,* les premières troupes de renfort.

Enfin, le 25, le groupement indépendant Barthez allait être créé avec cinq groupes prélevés sur les dotations de la 7e armée, du

D. A. L., et aussi de la 1re et de la 5e armée (1).

L'ensemble des services ainsi compris — avec les groupes de la 3e armée et ceux de la Région fortifiée de Verdun — représentait cinquante et un groupes : plus de 3.500 camions : on était sûr, ainsi, d'avoir assez de matériel.

A toutes fins utiles, cependant, il fut envoyé un télégramme au ministre, demandant instamment que tous les véhicules dont le versement aux armées était prévu pour le mois de février (exécution des programmes d'octobre 1915) et dont la livraison s'était trouvée retardée, fussent envoyés sans délai. Ces camions n'étaient pas prêts; mais ils pouvaient du moins arriver, à mesure, pour boucher les vides, car il fallait prévoir, au cours de l'action, un déchet important!

Pour les R. V. F., il n'y avait rien à craindre : elles suivent les troupes dans leurs déplacements, elles arriveraient donc avec elles. De même les Sanitaires : celles des divisions et celles des armées se trouvaient tout naturellement groupées : il suffisait d'en appeler quelques-unes en *renfort* pour arri-

---

(1) Toutes ces dates sont des dates *de fait.* Ainsi le groupement Barthez, par exemple, ne fut constitué *officiellement* que le 12 avril, alors qu'il fonctionnait depuis longtemps.

ver au chiffre, demandé par le Service de Santé, de 40 à 45 sections.

Enfin, même manœuvre pour les voitures de tourisme. Et, à ce propos, il ne faudrait pas s'imaginer qu'il s'agissait là de peu de choses : il devait se rassembler bientôt, dans la région, plus de 2.000 voitures de tourisme : le cinquième de l'effectif total de véhicules automobiles !

Cependant, ces divers ordres donnés, le plus fort de la besogne restait à faire : organiser tout cela !

Après avoir pris contact avec l'Etat-Major de l'armée, le capitaine Doumenc, accompagné du commandant Vigneron, chef du service automobile de la 3e armée, et de plusieurs officiers adjoints, parcourut, le samedi 19 et le dimanche 20, toute la région entre Bar-le-Duc et Verdun, et les alentours. Puis, après une nouvelle conférence avec le général Herr et le directeur des Etapes et Services (D. E. S.), il réunit, à cinq heures du soir, au lycée de Bar-le-Duc, tous les officiers auxquels il avait fait appel, pour leur expliquer ce qu'il attendait d'eux : à sept heures, la première *Commission régulatrice automobile* était créée !

Organe puissant et souple, qui devait bientôt donner des preuves de sa valeur, qui devait en fournir d'autres encore, plus tard, dans la Somme, dans la Champagne, dans l'Aisne, etc., et auquel presque rien n'a été changé depuis.

*
* *

Il n'est pas utile d'expliquer ici, dans tous ses rouages et tous ses détails, le fonctionnement d'une Commission régultarice automobile. Il suffit, au surplus, de relater l'ensemble des mesures qui furent prises dans l'occurrence, et qui répondaient, d'un coup, on le verra, à ces aspirations générales et à ces vastes projets, auxquels il a été fait allusion tout à l'heure.

Il fut d'abord posé comme premier principe que toute la capacité du chemin de fer Meusien serait utilisée pour transporter ce qu'il serait possible de vivres, et que le Service automobile se chargerait de transporter les troupes, les munitions et le matériel du génie, ainsi que le supplément de vivres nécessaire pour permettre la constitution de dépôts dans la zone de l'avant.

Pour arriver à ce résultat, la Commission régulatrice obtint :

a) Que la route de Verdun serait *exclusivement réservée* à la circulation automobile;

b) Que les convois automobiles ne remettraient pas leur chargement à d'autres convois, pour qu'il ne fût pas perdu de temps pendant les opérations de transbordement, mais laisseraient ce chargement dans des dépôts de vivres, de munitions ou de matériel, qui seraient organisés en certains points ;

c) Qu'il serait établi, sur la route, un service de *pilotage* et de *surveillance*, pour assurer l'écoulement régulier des convois ;

d) Qu'il serait organisé un service important d'*entretien* de la route.

L'organisation de la circulation fut réalisée par le Service automobile, de la façon suivante :

La route comprise entre la gare de Baudonvilliers (point arrière extrême de chargement, choisi pour désengorger Bar-le-Duc), la gare de Bar, Verdun (1), et les points extrêmes situés sur le circuit des forts (déchargement), fut partagée en six tronçons, appelés *cantons*, où le service était organisé d'une manière analogue à celui des chemins de fer.

Chacun de ces cantons était placé sous le commandement d'un officier, dont la mission consistait : à faire respecter les consignes relatives à la circulation, à régler l'écoulement

____

(1) C'était la seule route : il n'y avait pas le choix !

des convois, à assurer les opérations d'embarquement et de débarquement, de chargement et de déchargement, qui se passeraient dans son canton, et à collaborer à l'entretien de la route avec le service spécial qui en était chargé (service d'entretien du réseau routier). Pour faciliter cette entente, un représentant du Service routier faisait partie de la Commission régulatrice. Les communications entre la Régulatrice et ses cantons seraient assurées au moyen d'une ligne téléphonique spéciale. L'ensemble de la « route gardée » comprenait environ 75 kilomètres.

La composition de la Commission régulatrice se trouvait provisoirement fixée comme il suit :

Un représentant de la direction des Services automobiles : le directeur, commandant Girard, ou son adjoint, le capitaine Doumenc; le commandant Ballut et le capitaine Rigaudias, ces deux officiers conservant, en même temps, la direction des formations placées sous leurs ordres; le capitaine Laroche, représentant de la Commission d'entretien du réseau routier. Enfin le personnel de la Régulatrice comprenant: 19 officiers. 30 gradés et 225 hommes. agents de liaison. jalonneurs. etc., etc.

Dans l'organisation définitive. quelques

jours après, le commandant Ballut devait être nommé, seul, commissaire régulateur.

Pour la réalisation des transports eux-mêmes, on traça quelques grandes lignes, susceptibles de recevoir des modifications dans le détail.

Au point de vue des transports de troupes (T. P.) la Régulatrice s'en chargeait seule. Les groupements composés avec des camions de deux tonnes et ceux composés avec des autobus (1) se spécialisèrent dans ce genre d'opérations : ils pouvaient enlever aisément plus de quatre brigades à la fois avec leurs bagages (plus de 25.000 hommes).

Au point de vue des transports de matériel (T. M.) il faut remarquer que le territoire situé entre les gares de chemin de fer et les points de débarquement sur le front même se trouvait partagé, pour ainsi dire, en deux zones, par la ligne des Dépôts de vivres, de munitions, de matériel du génie. Supposons, en effet, un dépôt de munitions situé à Billemont : Il y avait à faire un premier transport depuis la gare jusqu'à Billemont, un deuxième transport entre Billemont et la

____

(1) Groupements de quatre sections de dix-sept autobus C. G. O. (Compagnie Générale des Omnibus) (autobus ou autobus allégés). Ils possédaient quelques sections de « Cars alpins »; dont ils allaient se débarrasser peu à peu.

batterie à ravitailler, placée, par exemple, au pied de la côte du Poivre. On décida de laisser aux Services automobiles de la 3e armée (1) et de la R. F. V., placés, non sous les ordres de la Régulatrice, mais directement sous ceux de l'Etat-Major de l'Armée, le soin d'assurer les transports dans la zone de l'avant, entre les dépôts et les unités combattantes : en furent chargés, par conséquent, les 6 groupes du commandant Vigneron et les 4 groupes du capitaine Lebel. Pour les transports depuis les gares jusqu'aux Dépôts, la Régulatrice les garantissait.

Restait la question des réparations.

De ce côté là, il n'y avait pas, *a priori*, de grosses difficultés. La 3e armée avait son parc à Bar-le-Duc (une section à Bar, l'autre à Chamouilley). La R. F. V. avait son parc à Verdun. Les groupes Ballut avaient gardé leur parc d'Aulnay-l'Aître (une section à Saint-Amand, l'autre à Sermaize). Les réserves, enfin, étaient rattachées au Parc de Troyes. Il suffisait donc de prévenir ces parcs et de les renforcer en personnel ouvrier. Ils pouvaient aussi, au besoin, se décharger de certains travaux sur les parcs voisins : Nancy, Charmes, Toul, Châlons.

(1) Communs à partir du 26 février, à la 3e armée et à la nouvelle 2e armée (armée Pétain).

Mais le point noir, c'était le « dépannage » !

Une voiture s'arrête sur la route. S'il s'agit d'une panne légère, l'équipe volante (atelier de la section) a vite fait de la remettre en état de roulement. Mais, si elle est immobilisée par un accident ou une blessure grave, il faut l'enlever et la ramener à l'arrière jusqu'au parc de réparation. Or, on pouvait prévoir ces accidents graves à raison de un par 100 véhicules, — c'est en effet ce qui se produisit dans la réalité : — cela faisait entre soixante et soixante-dix par jour pour l'ensemble des véhicules qui circuleraient dans la région (6 à 7.000 (1).

Le parc de Bar ne possédait que quelques camions spéciaux, avec treuils. Ceux d'Aulnay et de Toul furent mandés en hâte; et il fut décidé que des camions ordinaires, de préférence de fort tonnage, seraient équipés en outillage, de manière qu'il y eût constamment une trentaine de véhicules dépanneurs : la S. P. 9, du parc de Bar, se spécialisait dans cette entreprise de l'enlèvement des éclopés et des morts.

Le plan général ainsi arrêté, le siège de la Commission régulatrice fut installé en face du Lycée, et le poste du canton n° 1 (lieute-

----

(1) Il y en eut 10.000. Mais les voitures ne sortent pas toutes tous les jours.

nant Dyckoff) s'établit sur la route de Verdun, à la sortie de Bar, à un carrefour situé à quelques centaines de mètres après le pont sur le canal.

On ne prévoyait toujours pas, à ce moment, que le premier obus allemand allait tomber le lendemain matin sur Verdun. La journée du 21 fut donc laissée à chacun (et c'était peu !) pour s'organiser, rassembler hâtivement, et cependant avec soin, du matériel et du personnel.

Et il fut décidé que la Commission régulatrice devait être complètement prête à fonctionner le mardi 22 à midi.

La bataille

Et le 22 à midi, en effet, la Commission régulatrice fonctionnait, sur cette route de Bar-le-Duc à Verdun, — qui allait lui appartenir pendant près de onze mois.

Il faut l'avoir vue alors, cette route célèbre, cette route par laquelle devaient monter tant d'héroïques bataillons; par laquelle devaient être transportés, en masses formidables, les munitions, les vivres, le matériel de tranchée; par laquelle aussi devaient redescendre, rapides et souples, les voitures sanitaires, emportant des milliers de glorieux blessés; cette route que la France et l'Europe, déjà, ne quittaient plus du regard, et que l'univers entier, ébloui d'admiration, allait appeler la « Voie Sacrée! »

Modeste route de France!... ce n'était même pas une route nationale, mais, — il faut insister sur ce point, — une simple petite route départementale, étroite, toute tortueuse, nullement prévue ni pour un tel honneur, ni pour un tel travail.

La région qui s'étend entre Bar-le-Duc et Verdun est faite de grandes ondulations et de vastes vallonnements boisés : la route ne fait donc guère que monter et descendre, mais, heureusement, en pentes extrêmement douces. Elle est, par endroits, bordée d'arbres, et elle traverse une douzaine de villages, Naives, les trois Erize, Chaumont-sur-Aire, Issoncourt, Heippes, Souilly, Lemmes, etc., dont plusieurs paraissent ingénieusement plantés tout exprès pour favoriser les embouteillages.

La première décision prise, nous l'avons vu, avait été d'interdire, d'un bout à l'autre de cette artère principale, la circulation des voitures à chevaux. Or, il faut dire ici tout de suite, — et personne de ceux qui étaient là-bas ne me démentira, — que *sans cette simple petite mesure, c'en était fait de Verdun* (1).

On le comprendra facilement en méditant sur les quelques chiffres que voici :

____

(1) Parmi les habitants de Verdun que j'ai pu interroger, tous ceux de qui l'opinion a quelque poids pensent ainsi.

D'après les pointages faits dans plusieurs cantons, il passa, sur cette route, jusqu'à 6.000 véhicules en un seul point par vingt-quatre heures, soit une *moyenne* de *un véhicule par quatorze secondes*. Les fréquences de passages furent parfois de un véhicule par cinq secondes *pendant des heures* (1).

Il circulait, dans la région, plus de 9.000 voitures automobiles (2). Si, en effet, les cinquante et un groupes dont nous avons parlé ne représentaient guère que 3.500 camions environ (3), il faut y ajouter : près de 2.000 voitures de tourisme, plus de 800 sanitaires (48 sections), environ 200 R. V. F. (27 sections), puis toutes sortes de voitures des services des armées : camionnettes des courriers, du génie, de l'artillerie, de l'aviation, de l'aéronautique, du camouflage, auto-canons, auto-projecteurs, camions de la télégraphie, de

(1) Rapports officiels du commissaire régulateur.
(2) Ce chiffre devait monter, en juin, à 11.500.
(3) Ces cinquante et un groupes transportaient, *par semaine :* environ 90.000 hommes et 50.000 tonnes de matériel. Ils effectuaient, au total, plus d'un million de kilomètres en sept jours, ce qui équivaut à vingt-cinq fois la circonférence de la terre. Le chiffre global du tonnage effectué par le Service automobile pendant la durée de la bataille de Verdun — chiffre assez difficile à préciser car il faut mélanger, avec le matériel, les hommes et les blessés — paraît atteindre *deux millions de tonnes*. Si l'on avait déposé le tout au même endroit, en tas, on aurait une surface de 10.000 mètres carrés couverte sur plus de 200 mètres de hauteur : une vraie montagne !

la radiotélégraphie, de la géodésie, de la photographie, etc., qu'il fallait bien laisser circuler au milieu de tous les autres!

Or, la route, — on avait été obligé de la prendre telle qu'elle était! — avait, dans les meilleurs endroits, 7 mètres de largeur, et on ne put jamais l'élargir davantage! Dans ces conditions, si l'on y avait laissé passer les chevaux, c'était l'arrêt fatal de tout!

Et puis, le temps, aussi, était contre nous!

Il y a un mot des poilus qui est bien vrai :

— En été, disent-ils, on se f... de tout!

C'est qu'en effet, en été, tout est singulièrement facilité, et, de quelque point de vue qu'on se place, en dehors de celui de la marmite, la guerre, en été, est très différente de ce qu'elle est en hiver.

Cela commença, le 21, par une effroyable boue; puis, dès le 25, la neige couvrait tout; elle fondit, elle regela, ce qui produisit une espèce de carapace glissante qui vint ajouter aux mille difficultés déjà existantes. Enfin, n'oublions pas que beaucoup de convois, et, en particulier, ceux de l'avant, devaient se faire de nuit, sans aucune lumière.

Tout s'organisa, cependant, en quelques heures; et c'est alors que la « Voie Sacrée » prit cet aspect extraordinaire, qu'elle devait conserver pendant plusieurs mois et que ceux qui l'ont vue ne sauraient jamais oublier.

« Le tableau de l'attaque de Verdun qui restera toujours gravé dans ma mémoire est celui de la grande route au Nord de Bar-le-Duc, couverte de neige et de glace, constamment remplie de deux colonnes de camions : les uns allaient vers le Nord, les autres vers le Sud, et ils se balançaient avec une démarche titubante comparable à celle de jeunes éléphants. Il était presque impossible de les conduire sur la route glacée; aussi beaucoup d'entre eux roulaient sur le côté, se renversaient, d'autres prenaient feu; plusieurs aussi étaient abandonnés, sans aucune avarie apparente, dans la vague incessante (*ceaseless tide*) d'un trafic qui ne s'arrêtait jamais. On avait l'impression d'une remarquable organisation, mais qui dépendait de l'*initiative* de chacun de ses membres et était fondée sur elle... Le conducteur, de qui une négligence momentanée pouvait jeter le désordre dans toute la colonne, n'avait aucune autre règle, pour s'en tirer avec honneur, que la conception rapide et sûre du moyen de résoudre chacune des difficultés qui pouvaient se présenter : les trous et la glace, son camion qui patine ou dérape, les véhicules qui passent auprès du sien, dans le même sens ou dans le sens opposé, le camion qui roule devant lui et celui qui le suit, les voitures démolies sur le bord de la route... Pendant combien d'heures, la nuit, j'ai regardé les lumières pâles de tous ces camions, se déroulant du Nord au Sud, comme les replis de quelque gigantesque et lumineux serpent, qui jamais ne s'arrêtait et ne finissait jamais (1) ! »

C'était en effet ce qui frappait : la continuité du mouvement. Dès qu'une voiture s'arrêtait, si elle ne pouvait pas repartir tout de suite, on la poussait immédiatement sur le côté, dans les champs, n'importe où, on la faisait même basculer dans les ravins. Pas d'interruption : à tout prix dégager la route : telle était la consigne donnée à tous les agents de la Régulatrice chargés de la circulation.

« ...Je ne décrirai pas une fois de plus l'accumulation des autos sur la grand'route. Depuis notre sortie de Verdun — c'est-à-dire pendant cinq heures d'horloge — les deux files n'ont pas cessé une minute de se croiser ! De fréquents arrêts, surtout près du point terminus de cette *gigantesque navette*,

(1) *An American Ambulance in the Verdun attack*, par Frank Hoyt Gailor, conducteur, dans le très intéressant volume *Friends of France*, publié par le Comité des Ambulances américaines en service dans les armées françaises.

mais pas une solution de continuité! — Comment tous ces convois parviennent-ils à décharger leur précieux bagage et à revenir vers l'arrière, si vite? Il y a évidemment là une belle réussite d'organisation improvisée.

Pour nous, sans doute, ces camions sont une grande calamité, avec leurs brusques arrêts, leurs reprises, leurs manœuvres, qui barrent la route. Ces ronflements de moteurs, ces crissements de chaînes, ces éblouissements de phares deviennent, à la longue, abrutissants et vertigineux. Et, sur le coup, tout ce qu'il y a, dans cette apparente confusion, d'ordre singulier, nous échappe. Nous sommes tout simplement exaspérés et nous nous prenons à envier ceux dont les voitures gisent dans les champs, çà et là... — Impossible de passer! Tout ce qu'on peut faire est de suivre la file descendante vers Bar, aussitôt qu'elle s'ébranle, de la suivre dans sa marche très lente, interrompue par mille à-coups.

Tissier est en colère :

— On n'arrivera jamais!

— Qu'est-ce que tu veux que j'y fasse? Nous ne pouvons rien de plus.

— Tiens, voilà un passage. Si je dépassais celui qui est devant nous?

— Essaie.

— Ah zut!... en voilà d'autres qui arrivent en sens contraire!

— Alors, ne passe pas!

Cela pendant deux grandes heures! » (1)

Pauvres camions! dans quel état, pour la plupart! Boueux, maculés, éraflés, défoncés; les uns bariolés de traces de camouflage, les autres gris et ternes, et, certains, leurs capots emmaillotés de paillassons déchiquetés. Sur les sièges, souvent derrière une espèce de barricade de mica, des tas de peaux de biques, d'où émergeaient les têtes blafardes et épuisées des conducteurs, gais encore quand même et vous jetant une blague au passage. Et puis, tous, très fiers de leurs « insignes » : on sait ce que c'est : une vignette peinte, en couleurs crues, sur le côté du camion, et qui sert à désigner la section et le groupe auxquels il appartient (2). Combien de fois on les vit passer et repasser, toujours vaillants, le Cygne, le Trèfle à quatre feuilles, les As, le Coq, le Chameau, la Tête d'Alsacienne, la Bête-à-bon-Dieu, la Fourmi, la Levrette, le

(1) Pierre-Alexis Muenier : *L'Angoisse de Verdun*. Il sera reparlé plus loin de cet ouvrage.

(2) L'insigne est choisi unique pour le groupe et il est reproduit avec une couleur spéciale pour chacune de ses quatre sections. — Il n'est pas réglementaire; c'est une invention des poilus; mais on l'a admis bien volontiers : n'est-il pas un exemple charmant de la spirituelle et inépuisable initiative du troupier français?

Zèbre, la Comète, etc., cent autres, — œuvres, souvent, de grands artistes, — qui éclataient joyeusement sur tout ce fond sale et triste.

La nuit, c'était autre chose. Sur toute une partie du trajet, on roulait avec des phares. Un vigoureux dessin de Georges Scott a bien rendu cette physionomie pittoresque de la route entre Bar-le-Duc et Souilly, et je ne saurais mieux faire ici que d'y renvoyer (1). Mais il faut y ajouter, par la pensée, le « fléchage lumineux » : il s'agit des signaux divers qui guidaient les grands convois de la Régulatrice.

On avait assuré d'abord le pilotage par motocyclettes; mais, dès le troisième jour, tous les motocyclistes étaient à bout de forces : on organisa alors le « fléchage ».

Il y avait deux sortes de signaux : d'abord les signaux fixes, par exemple : « Attention au train. » « Défense aux voitures de tourisme de doubler dans le village. » « Tournez à droite à 200 mètres. » « Vers Ippécourt. » « Vers Senoncourt. » « Vers Dugny. » « Route réservée aux Sanitaires », etc. Et puis, les signaux mobiles, plantés seulement pour quelques heures. Supposons, en effet, un groupement, le groupement Mallet, par exem-

____

(1) L'Illustration, 11 mars 1916.

ple, devant partir de Bar pour aller à Landrecourt. Une camionnette, qui le précédait, disposait pour lui, à tous les carrefours, des signaux ainsi conçus : au premier carrefour : « Groupement Mallet, suivez les flèches »; plus loin : « Groupement Mallet » et une flèche; plus loin : « Groupement Mallet » et une flèche, et ainsi jusqu'à la destination finale : il n'y avait, avec ce système, aucune hésitation possible pour aucun des conducteurs. Ces signaux étaient faits tout simplement de boîtes de bois dont l'un des côtés était remplacé par un calicot : l'indication était peinte en lettres noires; quatre morceaux de bois faisaient les pieds, et c'était tout : la nuit, on mettait dans la boîte une lanterne ou des bougies.

Les trajets étaient souvent longs : dix, douze, quinze, vingt heures. Dans tel groupement, au début, les hommes travaillaient dix-huit heures, se reposaient trois heures, et repartaient!

Pour les troupes, on les prenait, à l'aller, — ou bien on les déposait, au retour, — dans leurs cantonnements de repos, qui se trouvaient, pour la plupart, aux environs de Bar-le-Duc, soit à l'Ouest : Brabant-le-Roi, Revigny, Neuville-sur-Orne, etc.; soit au Sud: région entre Saint-Dizier et Ligny-en-Barrois; on les menait au « circuit » (boucle de débarquement) de Nixéville, ou au « circuit » de Blercourt, ou même plus loin, suivant l'intensité du bombardement. Les règles de l'embarquement étaient, dans l'ensemble, respectées. Il faut noter seulement que, du moins dans les premiers temps, on ne tenait aucun compte de la division des camions en sections : les camions partaient groupés au hasard, sous la conduite de l'officier qui se trouvait là : cela n'offrait aucun inconvénient pour des transports de ce genre. les règles étant communes à tous, et chacun, d'ailleurs, officiers et hommes, ayant à cœur de rivaliser de zèle et d'activité, « car tous avaient la compréhension très nette que la régularité de l'apport de munitions et de vivres était un des éléments de la résistance des troupes (1). »

Pour les munitions et le matériel, on les chargeait dans les gares de chemins de fer. Prenons, pour exemple, la gare de Bar-le-Duc.

Le poste de commandement (P. C.) du groupement avait été établi en face de la gare : c'est là que se faisait la liaison, — si nécessaire! — entre la Commission régula-

(1) Rapports officiels du commissaire régulateur.

trice et le service des chemins de fer. Dans ce poste, un officier tenait, heure par heure, un tableau à fiches mobiles des disponibilités en matériel. Dans la gare, un autre officier était en « permanence » pour noter la composition des trains à mesure de leur arrivée (1). Les détachements automobiles nécessaires étaient commandés aussitôt : un ordre de service était remis au chef de détachement et devait être rendu par lui, au retour, avec toutes les indications. Le chargement se faisait alors dans la gare : grâce au bon ordre et à la méthode, le contenu d'un train de 300 tonnes pouvait être chargé sur les camions en moins de trois heures.

Aussitôt chargés, les camions allaient se placer, dans Bar, sur un des quatre « quais de départ » : tout simplement quatre rues parallèles, orientées Ouest-Est, qui avaient été réservées à cet usage : « Pour telle destination, tel quai » ; et, quand il y avait, sur un des quais, un nombre de camions suffisant (vingt à trente), on donnait le signal du départ, et en route!

Au retour, les voitures devaient d'abord, avant d'entrer dans Bar, filer sur leur droite, de façon à pénétrer dans la ville par l'Ouest.

____

(1) Les choses se passaient exactement de la même façon dans la gare de Baudonvilliers.

De plus, elles avaient ordre de revenir passer au poste de commandement. Là, suivant les prévisions, s'il y avait moins de quatre heures à attendre, elles attendaient pour repartir dans une nouvelle randonnée; s'il y avait plus de quatre heures, elles avaient le droit de rentrer à leur cantonnement.

Dans les débuts, beaucoup de conducteurs restèrent ainsi en service, trente, quarante, cinquante, et même *soixante-quinze heures* : c'est le maximum de ce qu'on peut demander aux forces humaines.

Le matériel était porté, nous l'avons vu, dans des dépôts. Les principaux dépôts étaient situés à Heippes, Souilly, Lemmes, fort de Dugny, Moulin-Brûlé, ferme de Frana, Maison-Rouge, Carrière d'Haudainville, fort de Landrecourt, Billemont-Four-à-Chaux et Billemont-Champ-de-Tir (ces dépôts durent, chassés par le bombardement, se replier sur Lampire), Dombasle-Montzéville (qui sauta), forts de Belleray, du Regret, de La Chaume, Glorieux, etc. Dans certains de ces endroits, il ne faisait pas bon circuler, même de nuit!... Mais la question ne se posait pas.

Puis, de là, c'étaient les Services automobiles de l'armée qui reprenaient, suivant les besoins de l'avant, munitions et matériel du génie, et qui les portaient, à travers un marmitage parfois intense, soit aux batteries, soit aux dépôts divisionnaires.

Les munitions étaient prises surtout par les sections de munitions d'artillerie (S. M. A.), de l'artillerie lourde automobile. Les T. M. de l'armée, elles, se chargeaient plutôt du matériel, — rondins, piquets, ronces, chevaux de frise, etc., — et elles allaient ainsi, non en sections, mais par camions isolés ou par petits paquets de trois ou quatre au plus, au Faubourg-Pavé (café des Avions, Cabaret), aux casernes Marceau, à Bellevue, aux forts de Belleville, de Souville, de Tavannes, de Moulainville, à Fleury-devt-Douaumont, à Froméreville, à Cumières, à Marre, à Vacherauville, aux Bois-Bourrus, etc. — Et il y avait, par là encore, des passages où il fallait « faire vite » !

En principe, pour tous ces voyages, il était interdit de traverser Verdun. Mais, en fait, beaucoup de camions y passaient, pour gagner du temps (1). Or, quiconque a vu ce qui reste de la ville peut imaginer qu'on n'était guère sûr, en y entrant, d'en pouvoir sor-

______

(1) Sur les petites routes, il circulait, naturellement, des convois à chevaux et particulièrement toute l'artillerie.

tir!... Qu'importe! il ne s'agissait pas de cela: il n'y avait qu'un but, exécuter l'ordre, remplir la mission. En onze mois il n'y a pas eu, à ce point de vue, un seul exemple de défaillance!

Enfin les voitures sanitaires allaient et venaient, au milieu de tout cet enchevêtrement, et desservaient les postes de secours. Voyageant toujours isolées, elles allaient chercher les blessés jusqu'à Esnes (poste replié bientôt sur Montzéville), à la cote 272, à Marre, à Bras, à la carrière de Belleville ou encore sur certains points désignés au bord de la Meuse, pour les blessés qui avaient été amenés par eau. Il y avait souvent de grosses difficultés pour atteindre certains de ces postes : du côté de Charny, par exemple. On se lançait quand même! — Saluons respectueusement la mémoire de ceux qui sont tombés là!

Et saluons aussi — cet hommage se place ici de lui-même, — les sections sanitaires anglaises et américaines, qui étaient venues alors, volontairement, se ranger auprès des nôtres : leurs conducteurs se dévouèrent sans compter aux côtés et au profit de leurs camarades français. — Devons-nous les oublier jamais, ces sections américaines, qui avaient réclamé, comme toujours, le poste le plus rude, et qui avaient adopté cette simple et magnifique devise :

> *Mon corps à la Terre!*
> *Mon âme à Dieu!*
> *Mon cœur à la France!*

IV

La vie de la route

Cependant, il y eut une première crise : la route tiendra-t-elle?

Tant que dura la gelée, le sol resta dur et sec et il n'y eut pas trop de dégâts. On avait réparti, le long du chemin, un millier de « travailleurs ». — équipes de jour et équipes de nuit, — qui s'étaient mis à l'élargir, autant que cela se pouvait, et à l'approprier.

Mais vint le dégel!

En quelques heures tout fut défoncé, et on se demanda, avec effroi, si la circulation n'allait pas se trouver, de ce fait, interrompue, si le tour de force d'avoir pu, à temps, mettre tout en branle, n'allait pas se trouver, du coup, complètement perdu!

Faire venir du caillou? Il n'y fallait pas songer : car comment? Tous les moyens de transport étaient accaparés : il n'y avait pas un seul camion à distraire des opérations militaires. Quant aux sections routières (1), qu'on pouvait appeler de partout (environ 180 camions), elles n'étaient bonnes que pour de très petits parcours, et à condition que l'on eût *sur place* les matières nécessaires. — Il n'y avait pas, dans ces conditions, à choisir ou à hésiter : on chercha sur place. Et on trouva.

Le long de la route, ou à peu de distance, on ouvrit des carrières de caillou; et quarante-huit heures ne s'étaient pas écoulées que, déjà, des équipes de territoriaux, armés de pelles et de pioches, commençaient à rempierrer et s'attelaient à cette besogne ingrate qui, elle aussi, devait ne pas s'interrompre pendant des mois. Il n'était pas possible, du moins à ce moment-là, de faire usage de rouleaux compresseurs, la largeur de la route étant tout juste suffisante pour le passage des voitures : on jetait donc tout simplement, sans relâche, jour et nuit, des cailloux et toujours des cailloux, et c'étaient les camions qui étaient chargés d'écraser!

Le labeur de ces travailleurs de la route fut

____

(1) Camions aménagés spécialement pour le transport des matériaux routiers.

pénible (1). Il fallait être là par tous les temps, souvent dans des endroits bombardés, casser les pierres, guetter l'intervalle entre les passages des camions, se précipiter au risque de se faire écraser, jeter et étaler à la hâte : beaucoup d'autres qu'on a récompensés n'ont peut-être pas fait plus que ces modestes serviteurs !

En tout cas, la question de la route était à peu près tranchée. Mais on allait avoir à s'occuper d'autre chose !

(1) Sur ce sujet encore, il a couru des chiffres exagérés. Il n'y a jamais eu, sur la route — et c'est déjà bien ! — plus de 1.200 travailleurs *à la fois*. Mais ils y jetèrent, en dix mois, plus de 700.000 tonnes de cailloux ! (Chiffres communiqués par le Service routier.)

V

La vie des voitures

La deuxième crise, ce fut celle du matériel.

Les bandages d'abord!

Car c'est très bien de faire écraser du caillou par des roues caoutchoutées. Mais, si résistant et si têtu que soit le caoutchouc, il est obligé de céder!

Ce fut donc bientôt une vraie débâcle!

Un détail caractéristique : les jantes étaient dépouillées et déchiquetées à un tel point que des lambeaux de caoutchouc traînaient jusque dans les rues de Bar : des gamins les ramassaient et les revendaient, en fraude, à certains mercantis, à raison de quatre sous le kilo!

Le parc de Bar s'organisa en conséquence; et, là encore, en dépit de grosses difficultés (mauvaise qualité de certaines livraisons, etc.) au moyen d'un travail ininterrompu (1), on évita l'arrêt. — Eviter l'arrêt, c'était ce qu'il fallait, à tout prix!

Au point de vue des moteurs et de l'ensemble des châssis, inutile de dire que le matériel « fatiguait » terriblement. En dehors donc des accidents, beaucoup de véhicules se trouvaient mis hors de service par l'usure rapide de certaines pièces : car on n'avait guère le temps de graisser, de renouveler l'huile; parfois on laissait les radiateurs manquer d'eau! Le parc de Troyes eut, par exemple, un grave problème à résoudre avec les camions américains : les arrivages de rechange d'Amérique se trouvaient justement interrompus! Il fallut fabriquer : les ouvriers travaillèrent à force. Tout s'arrangea.

Au milieu de ces préoccupations, il était nécessaire pourtant d'assurer, au jour le jour, toutes les réparations. Ainsi qu'il a été dit, les petits travaux étaient exécutés par les ateliers des sections. Mais, pour ceux qui demandaient de l'outillage et du temps, les voitures « amochées, » — pour employer le terme exact, — devaient être amenées, ou au parc de Bar, qui les répartissait entre ses

_____

(1) Il y eut six presses à bandages hydrauliques qui fonctionnèrent jour et nuit.

sections de Chamouilley et de Ligny-en-Barrois (1) ; ou au parc d'Aulnay-l'Aître, qui les
envoyait à Saint-Amand ou à Sermaize; ou
au parc de Troyes, ou au parc de Charmes.
Les voitures complètement démolies, — environ 3 pour 100 par mois, — étaient immédiatement évacuées sur l'arrière.

C'était la section de parc n° 9 de Bar-le-
Duc qui avait la principale tâche au point de
vue du dépannage. Elle disposait, pour cela,
d'une trentaine de camions puissants, dotés,
chacun, de deux équipes de dépanneurs. Camions emboutis, camions culbutés dans les
fossés, camions tamponnés par le Meusien
aux passages à niveau, camions démolis par
des éclats d'obus, il fallait aller les chercher
souvent assez loin! Les hommes qui partaient
pour ces missions restaient parfois plusieurs
jours dehors, et devaient, eux aussi, opérer
la nuit, sur des routes bombardées. Le regis-
tre où ont été inscrits, chaque jour, les résul-
tats de leurs travaux, est suggestif à ce point
de vue. On y voit figurer fréquemment les
noms de Glorieux, Jardin-Fontaine, Regret,

____

(1) La S. P. 36, de la « Région fortifiée de Verdun »,
avait dû quitter Verdun dès les premiers jours de l'attaque. Ce déménagement s'était fait au prix des plus
grosses difficultés, et cependant avec un ordre remarquable. La S. P. 36 était installée à Ligny-en-Barrois
et faisait partie du parc de Bar.

Sivry-la-Perche, Baleycourt, caserne Marceau, fort de Sartelles, Fromeréville, Bois-Bourrus, Faubourg Pavé, Bellevue Bras, etc. Combien de mentions comme celles-ci : « Compte rendu : impossible de parvenir jusqu'à ce véhicule. » « Compte rendu : région trop violemment bombardée, attendre. » « Zone interdite, attendre les ordres. » « Attendre, bombardement trop intense! » — Parfois il fallait revenir les mains vides : le temps d'arriver jusqu'au véhicule avarié, celui-ci avait été anéanti, carbonisé, ou réduit en miettes par quelque marmite mieux placée. Un jour, deux voitures sont signalées en panne à Fleury-devant-Douaumont : deux camions dépanneurs partent à leur secours : à peine les ouvriers ont-ils commencé leur travail qu'arrive une rafale de mitraille. Les dépanneurs ne quittent la place que sur un ordre écrit, donné, d'un abri voisin, par un officier d'infanterie : ils s'en vont et voient, navrés, les quatre véhicules consumés par les flammes! — Une autre fois, c'est dans une rue de Verdun qu'une voiture de tourisme éclate, sous les yeux de ceux qui arrivaient pour la secourir!

Les mains vides... non : ils ne revinrent jamais les mains vides; ils avaient toujours ramassé, en cours de route, quelque autre voiture blessée, et ils la ramenaient à l'ambulance pour que le voyage ne fût pas inutile!

En plus des réparations, les parcs avaient la charge d'approvisionner en rechanges et en accessoires les ateliers des sections. Leurs camionnettes de livraison, également porteuses du « courrier », continuaient donc, chaque jour, comme pendant les périodes les plus calmes, leurs tournées dans les cantonnements des formations automobiles et leur distribuaient, sur commande, les pièces de toutes sortes qu'eux-mêmes recevaient régulièrement du *Magasin centarl automobile* de Paris.

De plus, enfin, c'est le parc de Bar qui devait nourrir tout le personnel de la Régulatrice, ces jalonneurs, ces agents de liaison, ces plantons, dispersés d'un bout à l'autre de la route : faut-il dire que tous ceux-là, comme leurs camarades, — et il n'en pouvait être autrement. — ignorèrent, pendant longtemps, ce que c'était qu'une soupe chaude !

VI

La vie des hommes

———

Et pourtant il n'y eut pas de troisième crise!

La troisième crise, ç'aurait été celle des hommes : il n'y en eut pas. Là où la route, là où le matériel avaient donné mille craintes, les hommes n'en donnèrent aucune, tellement dès qu'ils eurent commencé et compris leur tâche, on les sentait décidés à *tenir* envers et contre tout!

Beaucoup cependant étaient de vieux territoriaux, plus ou moins robustes : mais les intempéries souvent, la fatigue toujours, le danger parfois, loin de les abattre, paraissaient les stimuler.

Le 22 février, un des généraux commandant devant Verdun avait dit au Service automobile :

— Il faut que vous teniez quinze jours, jour et nuit!

Un médecin d'un groupe, présent, répondait :

— Mon général, les voitures le pourront peut-être; les hommes, je ne le crois pas.

Or, ce sont les hommes qui ont résisté le mieux, non pas pendant quinze jours, mais pendant plusieurs mois!

Quelques jours après le déclenchement de la bataille, dès que l'on comprit quelle importance elle était en train de prendre, le lieutenant-colonel Payot, sous-chef d'état-major à la direction de l'arrière, et le commandant Girard, directeur des Services automobiles, vinrent dans la région de Verdun, pour se rendre compte des difficultés, et rechercher les améliorations possibles dans les diverses organisations. Le directeur des Services automobiles ne put que constater que tous les obstacles avaient été merveilleusement surmontés et qu'il n'y avait rien à craindre.

C'est qu'après l'angoisse des premiers jours, il n'y avait plus, chez tous, qu'un sentiment, qu'un seul désir, qu'une seule volonté, qui faisait se crisper et se cramponner chacun à sa tâche, jusqu'au delà du possible :
Ils ne passeront pas!

Et puis, le spectacle de l'héroïsme des combattants n'était-il pas un perpétuel encouragement, pour ceux qui avaient « l'honneur » de les conduire à la bataille ?

— Comment voulez-vous, disaient-ils, que nous nous laissions abattre quand nous voyons ce que souffrent les fantassins ?

« ... Comment te dire ce que nous avons ressenti quand nous les avons vus arriver : deux cent cinquante hommes environ : tout ce qui restait d'un régiment ! Et dans quel état !... Dans mon camion monta le colonel, avec le drapeau et sept sapeurs : c'était si poignant de voir cet homme, qui représentait pour moi tant de souffrance, tant d'héroïsme et tant de gloire, s'installer avec ses hommes, ses camarades plutôt, ses amis, dans cette misérable voiture, que j'ai senti mes yeux se brouiller de larmes. J'ai couru à la recherche de mon lieutenant pour lui signaler le fait : il pouvait prendre le colonel avec lui dans sa voiture de tourisme. Je ne le trouvai pas, le temps pressait, il fallait vider la place. Enfin, il est arrivé, il a fait monter avec lui l'officier : je n'ai gardé que le drapeau et ses sept gardiens ; et nous sommes revenus ainsi vers la ville (1). »

---

(1) Lettre du conducteur Antonin Morin.

Quelles grandioses leçons, en effet, et comment tous n'auraient-ils pas senti qu'il se passait quelque chose de formidable et qu'il fallait y jouer son rôle, sans faiblir?

*
* *

Le lecteur a dû comprendre, si je me suis expliqué clairement, que, dans leur ensemble, toutes les unités automobiles de poids lourds étaient réparties en deux grandes formations : les services de la Régulatrice et ceux de l'Armée. Les premiers allaient des gares de chemin de fer aux dépôts, les autres des dépôts aux lignes de l'avant.

Or, le travail n'était pas le même pour tous. Alors que les camions des services de la Régulatrice voyageaient, sauf exception, en sections et en groupes, ceux des services de l'Armée circulaient généralement isolés. Il s'était donc établi entre eux, au point de vue des difficultés de leur tâche, une petite rivalité. Les hommes qui dépendaient de la Régulatrice prétendaient jouer le premier rôle, à quoi ceux qui appartenaient à l'armée répondaient :

— Oui, mais, sans nous!...

Ceux des réserves disaient :

— Quand on est parti à trois heures du matin, qu'on a roulé pendant huit heures, pour aller à Nixéville, qu'on revient sur Bar avec un autre chargement, qu'arrivé là, à dix heures du soir, on a juste le temps de boire un jus, à la gare, pour refiler sur Baudonvilliers, d'où on repart, à quatre heures du matin, pour Blercourt, et qu'après plusieurs autres allées et venues on revient finalement chez soi le surlendemain, je crois qu'on peut dire qu'on a sa claque! Et, le jour suivant, ça recommence!

Les autres répondaient :

— Viens donc avec nous, fainéant, viens *faire* le Faubourg-Pavé trois fois chaque nuit, tu verras si c'est le filon!

Admirable émulation, certes, et magnifique querelle! Ne répondent-elles pas à ce qu'on appelle « l'esprit de corps » un des plus grands ressorts, une des plus nobles forces de toutes les armées? Mais la vérité, c'est que tous étaient indispensables au même titre; et, quant aux difficultés de leur travail, un de leurs chefs m'a dit :

— Tout ce que vous pourriez insinuer, je crois, c'est ceci : pour les officiers, la vie était plus dure à la Régulatrice; pour les hommes, elle était beaucoup plus pénible à l'armée...

Mais... mais... ce n'est pas l'avis de tout le monde... Et puis, qu'importe !

Les officiers ? Voici un trait, rapporté par un témoin, qui peindra, mieux que n'importe quelle analyse psychologique, leur esprit et leur bonne humeur :

« J'en étais là, lorsque apparut, au bas de la côte, une automobile d'état-major ayant de la peine à avancer et dérapant parce qu'elle n'avait pas de chaîne antipatinante. Un capitaine du Service des autos était assis sur le siège, et il était si impeccablement propre (*well groomed*) qu'il évoquait tout, excepté l'idée d'un travail quelconque. Or, comme la voiture s'arrêtait complètement, à mi-chemin de la côte, il sauta à terre, ôta rapidement son manteau de fourrure et le jeta devant les roues arrière pour leur donner une prise sur la glace. Elles passèrent ; il le reprit vivement et répéta le même mouvement, et ainsi jusqu'à ce que la voiture eût atteint le sommet de la côte : là, je la perdis de vue... Mon accident m'avait permis de me rendre compte de l'esprit débrouillard des automobilistes français (1). »

On a raconté que les hommes, épuisés, « s'endormaient au volant. » C'est absolu-

____

(1) Frank Hoyt Gailor, *ouvrage cité*.

ment vrai et il y a eu, de ce fait, pas mal d'accidents. Cependant, rapidement, on put mettre presque partout deux conducteurs : tandis que l'un conduisait, l'autre pouvait dormir, appuyé sur son épaule.

Quant à la nourriture, les consignes du circuit, en interdisant tout arrêt, empêchaient, par le fait même, les repas chauds. La boule, le singe et la tablette de chocolat, mangés précipitamment sur le siège ou sur le talus d'un « chantier, » voilà quel fut, pendant quatre mois, le seul menu possible.

Les cantonnements, — de la paille étendue dans une grange, — n'étaient guère des lieux de repos. Il fallait s'occuper de la voiture, nettoyer, graisser, faire le plein : on n'avait pas le temps de s'aménager. Les groupes des réserves étaient cantonnés autour de Bar, dans la région de Revigny, de Brillon, de Ligny-en-Barrois : il y avait là, encore, une vie possible, dans des endroits habités. Mais les groupes de l'armée, eux, étaient campés, tant bien que mal, — plus mal que bien! — dans les environs de Verdun : au Chauffour, à Blercourt, à Nixéville, à Courcelles-sur-Aire, à Belleray, à Dugny, etc.; beaucoup de conducteurs devaient coucher dans leurs camions : le lecteur imaginera sans peine que, sur le coup de trois heures du matin, il y règne une température qui ne rappelle que d'assez loin celle d'un *sleeping!*

L'état de santé resta cependant excellent : le moral soutenait le physique. Et puis, les malades ne voulaient pas toujours se laisser évacuer, persistaient, s'accrochaient. N'est-ce pas un vrai grand soldat et un héros à sa façon, que ce conducteur qui, déjà âgé, souffrant *atrocement* d'une incontinence d'urine, refusa d'interrompre son service et répondait fièrement :

— Mon lieutenant, je tiens à leur montrer que, si j'ai la vessie malade, j'ai le cœur bien placé !

Les conducteurs de « touristes, » eux aussi, en voyaient de dures. Toujours par monts et par vaux, emmenés à l'improviste dans des tournées interminables, ils étaient, « plus souvent qu'à leur tour », obligés de manger « avec les chevaux de bois » et de coucher dehors. En voici un : le 21 février, il part *pour vingt-quatre heures :* il revient *seize jours après!* Il est resté tout ce temps sans pouvoir se déchausser : quand il ôte ses bas, la peau de plusieurs doigts de pied vient avec !

— C'est la guerre! murmurait-il, tandis qu'on le pansait.

Un autre, à qui un énorme camion était

« rentré dedans, » avait eu, sous le choc, un bras cassé. Il ne trouva que ces mots :

— C'est dégoûtant, me v'là manchot, et j'aurai même pas la croix de guerre!

Il eut tout de même la croix de guerre. Car, à peine guéri, et revenu au front sur sa demande, il partit avec bravoure pour une mission des plus périlleuses, reçut un éclat au visage et accomplit quand même son voyage jusqu'au bout.

Faut-il s'étonner que tous les chefs qui les commandaient n'aient aujourd'hui que ce cri : Les braves gens! Les braves gens!...

Et puis, la gaîté, — absente, il faut bien le reconnaître, pendant les premiers jours, — reprit vite ses droits.

Le Service automobile avait même son poète :

... Menant mon vieux tacot d'un geste non-
[chalant,
Je pousse mes leviers sans me faire de bile...
Je franchis monts, vallons, ornières et ravins;
Nul ne peut m'arrêter... sauf le marchand de
[vins!

Inutile de dire que les marchands de vins, dans *plusieurs* endroits, n'existèrent jamais qu'à l'état de mythes!... et aucun d'eux, en tout cas, n'était capable d'arrêter les camions de Verdun !

N'y a-t-il pas aussi une pointe d'humour, et du meilleur, dans ce passage d'un *rapport officiel :*

« ... Ces transports intensifs ont été une excellente école de conduite pour tout le personnel des unités automobiles qui y a participé. Les conducteurs qui ne savaient conduire qu'imparfaitement se sont perfectionnés, et ceux qui n'avaient jamais tenu un volant ont appris sur la route, pour permettre à leurs camarades de prendre quelque repos (1) ! »

*   *
        *

Mais, comme presque toujours, c'étaient les Sanitaires, — dont les cantonnements (?) étaient à Bévaux, Rozellier, Haudainville, Verdun, Sivry-la-Perche, Froméréville, Béthelainville, etc., — qui devaient faire preuve d'une infatigable énergie et d'un dévouement sans limites.

Dans un livre extrêmement sincère et remarquablement pittoresque, *L'Angoisse de Verdun,* M. Pierre-Alexis Muenier, qui était conducteur à la Section Sanitaire Automobile 61 pendant ces journées tragiques, a noté

(1) Rapport d'un groupement.

les cent péripéties et les effroyables cahotements auxquels il fut alors mêlé, avec ses camarades. — Le voici en service au poste de secours de Bras :

« ...A hauteur d'homme, il fait noir comme dans un four, malgré la neige qui couvre le ciel. Plus haut, c'est un immense rougeoiment pailleté d'étincelles, traversé à chaque instant par des éclairs. A cent, à cinquante pas, les obus éclatent, par un ou par deux, toutes les huit ou dix secondes. Je ne descends pas même de mon siège : Martin non plus. Assourdis, on fait le gros dos; on se répète le mot des fantassins : que ce n'est pas tenable et que, cette fois, on ne peut plus y échapper : un véritable envoûtement!

Mais il faut se ressaisir et ne pas céder à cette stupeur fataliste qui nous rive à nos voitures. Aux lueurs furtives de l'incendie, j'aperçois un soldat barbu qui s'agite, enveloppé d'une peau de bique : C'est Angleys. Il se dirige vers une maison à droite, qui a l'air encore à peu près intact...

Je demande :

— Mais le maréchal des logis, où est-il?

— Est-ce que je sais? Il a disparu. Il cherche dans la rue, en avant; il est obligé, à chaque instant, de se jeter à plat ventre. S'il continue, son affaire est réglée.

— Mais, dans le village, sait-on seulement s'il reste des troupes, un seul soldat?

— Je viens d'en trouver deux. Ils sortaient d'une cave. Ils ont l'air complètement abruti.

— Sont-ils de la 37e?

— Non. Ce sont des fantassins perdus, blessés légèrement, je ne sais pas au juste, qui s'abritent comme ils peuvent.

Quelle conversation! entrecoupée, à chaque lambeau de phrase, par un craquement de foudre et un éclair rouge. On ne peut que courber le dos et se jeter contre les murs, pour éviter la grêle d'éclats qui rebondissent par-dessus les toits et frappent la route en grésillant... A mon tour, je réussis à voir les trois fantassins. Ils déclarent :

— Nous sommes blessés légèrement. Emmenez-nous, les gars! Nous ne pouvons plus rester ici! Allons-nous-en vite. Tout le monde s'est débiné. L'infanterie ne traverse plus Bras. Elle passe le long du canal en files, parce que, sur le village, les Boches envoient un barrage qui n'arrête plus!...

Que faire? Martin s'approche à son tour bien calme et de sa voix lamentable :

— Alors, où est-ce qu'on va?

. . . .

... Et nous partons, sur la route labourée, semée d'éclats et de mille choses horribles, à peine distinctes. Martin va un peu vite, malgré ma recommandation. Il va même, involontairement, aussi vite que possible. Ainsi, cahotant et rebondissant, nous avons bientôt dépassé le carrefour sur lequel s'acharnent les obus...

— Halte! Martin. Inutile de continuer. Nous nous sommes perdus. Et nous voici entre deux barrages!... Nous irions à Vacherauville... et serions chez les Boches avant d'avoir compris comment!

— Qu'est-ce qu'il faut faire, mon Dieu?

— Il faut virer; et en vitesse. Nous chercherons d'un autre côté!...

Virer. Oui certes. La chose est plus facile à dire qu'à faire! Au point où nous nous arrêtons, la route est rétrécie et, surtout, encombrée de sinistres embûches qu'on devine plus qu'on ne les voit : cadavres, paquets de chevaux foudroyés, charrettes brisées, des fusils, des baïonnettes et des sacs. Il faut donc reculer sur quelque distance, reculer à tâtons, à l'allure du pas, vers l'incendie et le tir de barrage, qui font rage dans notre dos.

— Mon pauvre Martin, je crois que nous n'y couperons pas!

Enfin, voici un emplacement propice : la route élargie et un vaste espace libre devant une porte de grange.

Oui, mais c'est à quelques mètres à peine, c'est dans l'axe même du terrible carrefour. On se presse :

— Allez-y! Martin. Recule à droite, là franchement.

Un obus ronfle et s'écrase.

Nous l'avons cru sur nous, et Martin a bloqué sa voiture. Les éclats fauchent ici et pleuvent de tous côtés.

— Ce coup-là n'est pas encore pour nous!.. Recule encore... Halte! ça va. Arrête. Maintenant, droit devant toi vers la porte de grange... Encore un obus! Un autre plus loin, sur la rue!

Jamais nous n'en sortirons!

— Oh! que si! gémit doucement mon Breton.

Et, d'un bel élan, il lance sa voiture vers la grange.

.   .   .   .

Et je me dis : Ce n'est pas tout de vouloir s'en aller. Il faut réussir à faire sans encombre les trois ou quatre cents mètres au bout desquels finissent, pour le moment, les effets de ce tir de barrage sans cesse intensifié!...

— On y va, Martin?

— On y va, puisqu'il le faut.

A ce moment, j'entends une voix essouflée,

entrecoupée, une voix connue. Et la lumière de l'incendie, la lumière rouge reflétée par la neige, me permet de distinguer la peau de bique, le béret, la barbe d'Angleys.

— Qu'est-ce qu'il y a, cher ami, qu'est-ce qu'il y a? Une panne?

Sans ajouter un mot, nous sombrons derrière la voiture. Une grande flamme aveuglante a jailli du sol, je ne sais où. Une fumée chaude et empoisonnée nous enveloppe. Un sifflement de gros éclats. Un fracas qui serre les entrailles, suivi du sourd vacarme de choses bouleversées, qui s'effondrent!

Echappés, tous les trois.., encore une fois! J'ai reçu un éclat sur le dos, qui avait rebondi du toit voisin. Pas méchant, puisque je n'ai ressenti qu'une violente secousse, amortie par ma peau de bique.

Sans hésiter, nous prenons notre élan et courons vers la sortie du village.

— Etes-vous blessé? me demande Angleys.

— Non, pas du tout. Ça va.

... Chemin faisant, à mots hachés, j'explique à Angleys notre aventure. Un miracle que nous ayons pu sortir de là, un vrai miracle. Quant à l'auto, impossible de la tirer d'affaire, au moins pour l'instant...

— Quelle folie, aussi bien, reprend Angleys. On ne peut évacuer les blessés par automobiles dans de telles conditions!

— Il le faut, pourtant! »

Et rien peut-être ne donnera mieux une idée, en raccourci, de cette existence particulière et mouvementée, que ce fragment d'une simple et belle lettre écrite, entre deux coups de chien, par un jeune engagé volontaire :

« ... Dire que nous croyions avoir tout vu dans l'Artois! Cela me paraît peu de chose auprès de la vie que nous allons mener ici!... Boue, froid, rafales de grésil, pluie qui cingle, vent glacial, brouillard, les marmites par-dessus tout cela! Et toujours en pleine nuit, sans aucune lanterne, naturellement. Il y a bien les fusées, qui illuminent *a giorno;* mais c'est plutôt une gêne qu'une aide. Le meilleur, c'est encore Astarté, reine du Ciel; malheureusement, c'est huit ou dix jours par mois. Aussi, nous continuons à suivre des yeux le calendrier : comme dit Bugeon, « je te prie de croire que nous sommes au courant des *faces* de la lune! » Quant aux routes, défoncées, pleines de trous, ça ne change pas : première vitesse et du cinq à l'heure! Souvent, quand on revient, on ne peut plus passer : un 220 a coupé le chemin. Hier, avec un camarade, nous étions ainsi de chaque côté

d'un entonnoir. Que faire? Et moi, j'avais des
blessés. Il a fallu aller chercher un détour :
cela a duré deux heures; pauvres malheureux
blessés, avec ce froid!... Mais tu connais tout
cela, et l'immobilité qui vous glace, et le mor-
ceau de viande gelée avec un quignon de
pain, et les nuits dans les postes, avec le tintamarre du canon, et les quelques heures de
sommeil (!) dans quelque coin, enroulé dans
une couverture mouillée; je me demande
comment nous résistons... Nuits du front, les
fusées, les cris lointains, les fusillades subites,
l'inquiétude, la fièvre, les plaintes des blessés,
et puis ces minutes d'exaltation de tout l'être,
où l'on accepte... Car nous autres, comment
flancherions-nous, quand nous voyons tous
ces pauvres camarades que nous transpor-
tons, dont nous tenons la vie entre nos mains,
et qu'un coup de volant heureux peut sauver
en les faisant arriver cinq minutes plus tôt
sur la table d'opération!... Mais je crois bien
que je vais me vanter! à toi!... Et puis, je
suis de ton avis, est-ce que cela existe, auprès
des fantassins? Eux, eux seuls, et voilà tout.
Et dire que Paris ne se rendra jamais
compte!... Moi, quand je les vois, je me dé-
goûte et je m'injurie. Enfin, quoi faire? — Tu
as le bonjour de Charles Brémond, etc. »

Dernière lettre écrite par le jeune conducteur André Chapelle, de la S. S. 104, tué, *le lendemain*, d'un éclat dans la tête, « dans l'accomplissement de sa mission » (1).

(1) Voir plus loin sa citation.

VII

Les civils

On sait que le premier coup de canon n'effraya pas beaucoup les habitants de Verdun. Personne n'ayant été prévenu, pas même la mairie, ils crurent à un bombardement comme il y en avait eu plusieurs en 1915. Quand on comprit, avec stupeur, de quoi il s'agissait, il était trop tard pour entreprendre une évacuation méthodique : il n'y avait plus qu'à fuir.

Il y avait alors dans la ville environ 6.000 habitants (1). Ils reçurent l'ordre de partir immédiatement, les services publics seuls devant rester jusqu'au 26.

On a peint souvent, depuis, l'affreux tableau de cet exode épouvantable :

(1) D'après les ordres officiels d'août 1914, il devait rester à Verdun 1.200 habitants. Il en resta 3.000. Puis, dans le courant de 1915, par suite de rentrées clandestines, ce chiffre se trouva porté à près de 5.000. Après

« ... Nous vîmes alors vieillards, femmes, enfants, fuyant sur les routes couvertes de neige, vers le Sud. Voyage difficile et souvent dangereux pour ces pauvres gens, car, pour éviter les accidents provenant des dérapages de camions, presque tous marchaient dans les fossés qui bordent la route ou même à travers champs. C'étaient, pour la plupart, de petits bourgeois qui venaient de quitter leurs boutiques, restées ouvertes jusqu'à la dernière minute pour rendre plus supportable et plus gaie la vie des soldats... Beaucoup n'avaient rien emporté que leurs habits qu'ils avaient sur le dos... Il y avait pourtant de nombreuses voitures de paysans, chargées de toutes sortes d'articles de ménage, de marchandises, depuis les poêles jusqu'aux cages d'oiseaux. Mais, quel que fût le contenu de ces charrettes, toutes portaient un matelas, avec les membres de la famille, jeunes et vieux, juchés au sommet. La présence de ce matelas me fit demander pourquoi tous les réfugiés emportaient cet objet avec eux. On me répondit que le paysan français considère le matelas comme le plus précieux de ses

l'évacuation sur Verdun des communes environnantes, au 21 février 1916, il y avait plus de 6.000 civils présents dans la ville. — Ces chiffres m'ont été donnés alors par M. le commissaire central Proust, dans le boyau-casemate de la citadelle, pompeusement décoré du nom de « Services de la municipa…

lares : c'est là que les enfants sont nés, que les vieux sont morts, là aussi le coffre-fort de la famille, la cachette pour le bas-de-laine (1). »

« ... Quelques-uns poussaient des brouettes, d'autres des voitures d'enfant pleines d'une espèce de bric-à-brac... Une femme sortait de la tourmente emportant son chat dans une cage à serin : l'animal se cramponnait aux barreaux avec ses griffes crispées, et ses yeux noirs brillaient de folie.. (2). »

Comme dans tous les grands sinistres, en effet, les gens avaient sauvé, au hasard, les objets les plus insignifiants. Un commerçant qui n'avait pas songé à emporter de son bureau la moindre pièce d'archive s'était astreint à prendre les pincettes, et les promena précieusement pendant des heures (3)!

Malheureusement, le Service automobile pouvait peu de chose pour tous ces pauvres gens. A cette question bien naturelle : « Les camions qui avaient porté du matériel à Verdun ne pouvaient-ils, au retour, charger tout cela? » la réponse est facile : c'est que les camions précisément, ne revenaient pas à vide :

(1) Frank Hoyt Gailor, *ouvrage cité.*
(2) *The Section at Verdun,* par Henry Sheahan, conducteur, dans *Friends of France.*
(3) Ce trait m'a été rapporté par M. Georges, procureur de la République à Verdun, qui quitta la ville l'un des derniers.

ils transportaient toutes sortes de matériaux militaires, caisses à munitions, réserves de matériel qu'il fallait évacuer, marchandises de la gare de Verdun, etc. On dut donc se borner à transporter à l'arrière les malades (particulièrement le 25 février et le 6 mars); et puis, il va sans dire que tous les conducteurs, lorsqu'ils le pouvaient, prenaient du moins les vieillards, les femmes, les enfants, les infirmes, lamentables épaves de l'effroyable cataclysme!

Le 25 et le 26, les services publics s'en allèrent. Du 25 février au 8 mars, c'est la période critique. Quelques camions déménagent encore les archives, mais la plupart ont « autre chose à faire. » Le 8 mars (1), le maire, avec les derniers habitants, franchit la porte de la ville : il ne reste plus, dans Verdun, qu'un ou deux civils (2).

En mars, dès qu'il y eut un léger répit, les camions purent s'employer davantage : particulièrement, ils opérèrent alors le déménagement de l'importante fabrique de dragées

1) Renseignements fournis par la mairie de Verdun.
(2) En resta-t-il un ou plusieurs? Il est très difficile, même pour un fait aussi simple, de découvrir la vérité. On a cité le garde champêtre; mais celui-ci est-il réellement un civil? Je crois, après enquête, que le seul vrai *civil* qui resta fut M. Cabrillac, secrétaire de la mairie, qui ne quitta Verdun que le 1er avril. Il n'est pas inutile d'inscrire ici le nom de ce vrai modèle du « citoyen ».

du Coulmier. Puis, un grand nombre d'habitants, industriels, commerçants, bourgeois, qui étaient partis avec « ce qu'ils avaient sur le dos », réclamèrent l'évacuation de leurs magasins, de leurs mobiliers. En avril, on put organiser enfin ce nouveau service. Tandis qu'on évacuait les hôpitaux (Saint-Nicolas et Sainte-Catherine, premiers jours d'avril), la « délégation municipale » venait s'installer dans la ville (9 avril). A partir du 11, il y eut *régulièrement*, chaque jour, en principe quatre camions, en fait une quinzaine, qui furent mis à la disposition de la population, pour le déménagement des maisons. Ils portaient leur chargement soit à Bar-le-Duc, soit aux stations de chemin de fer de Baleycourt et de Nixéville : des territoriaux constituaient les équipes de déménageurs. Tout ce qu'il y avait encore de quelque valeur dans la ville, — et même ces souvenirs, ces riens, ces reliques, que signalaient minutieusement les exilés, — fut enlevé avec soin. Sauvetage insignifiant, certes, au regard de tant de ruines : de combien de maisons il ne restait que des tas de cailloux !... Mais que faire de plus ?

Et tout était terminé vers octobre, à l'entrée de la mauvaise saison.

VIII

La victoire de Verdun

Tout le monde sait comment se déroulè-
rent les phases du gigantesque duel. Le Service automobile les suivit jour par jour,
heure par heure, apportant aux combattants
tout ce qui était nécessaire pour établir la ligne de défense, qui n'existait pas. Grâce à cet
apport considérable et rapide, la fragile bar-
rière des premiers jours se transforma peu à
peu en une muraille infranchissable; et l'instant vint enfin, après cinq mois de lutte, où
l'armée française domina, à son tour, l'adver-
saire dompté.

Parmi ceux qui payèrent alors de leur vie
l'accomplissement de leur devoir, il faut faire
une place à part à l'un des hommes qui
avaient eu la lourde tâche d'organiser, au
commandant Vigneron, chef du service au-

tomobile de la 3ᵉ armée, emporté par la fatigue et le surmenage, dans le courant d'avril. Il fut cité dans les termes suivants :

« Officier d'une énergie rare et d'une activité inlassable. A organisé puissamment le Service automobile de l'armée. Terrassé par la maladie au moment où on demandait à ce service l'effort maximum, est demeuré à son poste jusqu'à ce que la mort vienne le frapper. »

Il y eut encore, pendant l'été, de durs moments. Mais ce n'était plus la fièvre des premiers temps.

Et puis, les règles de la circulation, puisque c'est le sujet qui nous occupe ici, s'étaient perfectionnées. En mai, on avait organisé les « créneaux ». On appelle ainsi, dans un convoi, un intervalle d'une cinquantaine de mètres, ménagé tous les huit ou dix véhicules : les voitures qui ont le droit de doubler (les touristes et les sanitaires) peuvent ainsi se loger dans ces créneaux, pour laisser passer les véhicules qui les croisent. Pour obtenir le créneau, c'est très simple : une voiture, sur huit ou dix, porte, à l'arrière, un disque rouge; celle qui la suit ne doit pas s'en approcher à plus de cinquante mètres.

Pour la nuit, on toléra de ces petites lanternes à verres bleus, invisibles de loin, et

dont la lueur légère suffit pourtant pour prévenir les accidents.

*
* *

Le 17 juin, la 3e armée partait pour la
Somme : elle emmenait avec elle, non pas
son Service automobile, qui, au contraire,
passa à la 2e armée, mais les Services automobiles Ballut.

Sur ces entrefaites, la ligne de chemin de
fer, qu'on avait commencé à construire entre
Revigny et Dugny, annonça que son princi-
pal tronçon était prêt à entrer en exploita-
tion. Le 21 juin, effectivement, la gare de
Souilly était ouverte aux trains de munitions,
ainsi que celles d'Evres, de Fleury-sur-Aire,
etc. Le Service automobile commençait à se
trouver ainsi considérablement allégé, surtout au point de vue de la longueur des parcours.

Comme la Somme réclamait, de son côté,
du matériel roulant, le 8 juillet, la moitié du
groupement Bouchet partit pour la région
d'Amiens. Au 27 juillet il restait, à la Régulatrice, les réserves Rigaudias (groupement
Bouchet remplacé par le groupement d'An-
glars) et Collot, le groupement indépendant
Barthez, quelques sections détachées de la
4e armée.

Les premiers jours d'août, part, toujours pour la Somme, la réserve Rigaudias : il ne restait que la réserve Collot, le groupement Barthez, quelques groupes de la 4ᵉ armée et quelques-uns de la 2ᵉ armée. Mais, quinze jours après, se constituait la réserve Gellie (deux groupements), etc. : l'énumération complète de tous ces changements n'offrirait aucun intérêt.

La dernière date à citer ici est celle du 13 août : ce jour-là, à titre d'essai, la route fut ouverte aux convois *hippomobiles* entre Bar-le-Duc et Lemmes. Bientôt après, la circulation des chevaux était rétablie dans Bar; en septembre, il y avait des chevaux partout; c'était le calme après la tempête.

Sans doute, à la fin de septembre, il devait se produire une reprise d'activité, pour les splendides opérations d'octobre, qui rétablirent presque complètement la ligne de notre front... Mais ce serait là entamer une seconde histoire, et c'est la première qui restera toujours la plus belle (1) !

*
* *

Les efforts des automobilistes passèrent souvent inaperçus. C'est une des grandes lois

____

(1) La Commission régulatrice fut dissoute le 15 janvier 1917.

de la guerre, — et tous les soldats la connaissent bien, — qu'il n'y a de héros que celui qu'on a vu. Pourtant, beaucoup furent reconnus officiellement, et quelques centaines de *citations*, — officiers et hommes, — sont là pour en conserver le souvenir. On voudrait pouvoir publier les noms de tous ces braves : il faut se limiter! En voici quelques-uns, pris au hasard :

« Collet. — T. M. 434. — Commandé pour effectuer un transport à une gare bombardée, n'a pas hésité à y retourner une seconde fois pour accomplir sa mission. A été tué par un éclat d'obus auprès de son camion. »

« Tranchant, Régis. — S. S. 51. — Mortellement blessé par un obus au volant de sa voiture, alors qu'il ramenait, malgré un violent bombardement, des blessés du poste de secours à l'ambulance, donnant ainsi un bel exemple du sang-froid et du dévouement qui sont l'honneur et la tradition du personnel des Sanitaires automobiles. »

« Séré, Bertrand. — S. S. 247. — Conducteur plein d'énergie. Blessé au visage et à la main dans un passage difficile, n'a pas quitté son volant avant d'avoir mis à l'abri les blessés qu'il transportait. »

« Baldy, Joseph. — T. M. 436. — Envoyé à un parc à ciment pour assurer un transport urgent, a stationné plusieurs heures à ce point malgré un violent bombardement. A été tué au moment où il demandait des instructions pour l'accomplissement de sa mission. »

« Janet. — T. M. 430. — Blessé grièvement à son poste de conducteur par un éclat d'obus, a continué sa route et n'a quitté le volant de sa voiture que lorsque celle-ci a été rangée à l'abri en dehors de la route, ce qui a permis à la suite du convoi d'échapper au bombardement. »

« Rouard, Alexandre. — T. M. 216. — Bon conducteur, courageux, plein d'entrain, toujours prêt, malgré sa santé délicate, à accomplir des missions dans les endroits les plus dangereux. A été grièvement blessé au cours d'un transport. »

« Delareux, Ernest. — T. M. 83. — Au cours d'une mission qui lui avait été confiée, a été blessé très grièvement par les éclats d'une bombe... Malgré ses blessures, a fait preuve d'un grand esprit de sacrifice, en exhortant ses camarades au calme et en répondant aux encouragements de son officier par ces paroles : « Un de plus, un de moins, « cela n'a pas d'importance, on les aura « quand même! » Est mort quelques heures après. »

« Colas des Francs, Robert. — E. M. — Engagé volontaire pour la durée de la guerre, a montré, dans l'accomplissement de son devoir journalier, un dévouement absolu, un caractère égal et de hautes qualités morales qui ont fait de lui le modèle de tous ses compagnons de guerre. Est tombé mortellement blessé le 16 mars 1916 en s'acquittant avec entrain d'une mission périlleuse. »

« Chapelle, André. — S. S. 104. — Engagé volontaire pour la durée de la guerre, n'a pas cessé, depuis vingt mois, d'être pour tous un modèle d'entrain, de sang-froid et de courage, ne se laissant jamais arrêter dans l'accomplissement de son devoir par la violence du feu. A été grièvement blessé le 5 avril 1916 au cours d'un transport de blessés effectué sous un bombardement particulièrement intense. Est mort des suites de ses blessures. »

J'ai dit à celui qui me fournissait ces noms :

noms :

— Mais vous ne me donnez que des morts!

Il a répondu :

— Il le faut bien!... Aujourd'hui, celui qui revient vivant, personne n'admettra jamais qu'il ait eu du courage, ou même qu'il ait couru le moindre danger!

Qu'objecter à cela, qui est la triste vérité?

IX

Conclusion

———

« Il y a des noms qui vibrent comme une sonnerie de clairon : il suffit de les prononcer pour qu'aussitôt surgissent, à leur appel, des mirages de gloire (1) ! »

Verdun est un de ces noms-là.

Tout a été dit sur l'importance de la bataille, sur les conséquences de l'échec allemand. Dans une note aux armées du 28 août 1916, dans laquelle il exposait la marche des opérations des Alliés, le général Joffre écrivait :

« Ce résultat a été acquis grâce à la résistance de l'armée française à Verdun, où l'Allemagne comptait lui porter le coup décisif. »

Déjà en mars, il avait dit aux vaillants soldats de la première heure :

____

(1) O. Havard, *Bayard*.

« Le pays a les yeux sur vous. Vous serez de ceux dont on dira : ils ont barré aux Allemands la route de Verdun! »

Depuis, les critiques militaires, les historiens, les artistes, les poètes, ont dit, chacun dans leur langage, la grandeur et la beauté de l'immortelle épopée. Il n'est pas jusqu'à la Muse populaire qui n'ait griffonné, pour les chanteurs des faubourgs, quelques strophes enthousiastes :

Ils disaient tous à l'avance :
Nous voulons vaincre la France,
Le roi de Pruss' command'ra à Paris!...
Mon vieux, viens-y!

Pour gagner un kilomètre,
En comptant l'prix qu'i-zy mettent,
Non! Non! même à quatre contre un,
Vous n'aurez pas Verdun (1)!

Et ils n'ont pas eu Verdun.

Eh bien! dans l'hommage rendu à ceux qui l'ont sauvé, nous ne devons pas oublier complètement les serviteurs précieux qui leur ont apporté sans relâche, sans répit, sans faiblesse, avec bravoure et parfois même avec héroïsme, les vivres, le matériel, les muni-

____

(1) Editions des « Petites affiches » de Rouen.

tions, l'artillerie, sans lesquels ils ne pouvaient rien.

On voudrait ici prendre le ton lyrique pour chanter comme il convient la grande et tumultueuse chevauchée de ces modernes monstres de fer, qui, dans un tintamarre infernal, jour et nuit, sans repos, haletant, soufflant, grinçant, ronflant, gémissant, ont transporté, dans leurs flancs, quelques millions de guerriers, leurs bagages, leurs armes et leurs machines. Car ils caractérisent et symbolisent parfaitement, avec leurs formes dénuées de beauté, mais puissantes, leur démarche inélégante, mais solide, l'idéal nouveau de cette nouvelle manière de se battre, qui n'est pas de notre invention! Mais, devant leur terne, pesant, cahoteux et monotone défilé, on évoque, malgré soi, comme dans une brume légère et jolie, les nobles cavalcades de jadis, les longues processions de chevaux, si pittoresques, si colorées, si vivantes, si françaises! Et l'on s'arrête alors, paralysé, les ailes coupées, impuissant, devant cette infériorité esthétique du présent sur le passé.

Il faut donc redescendre à la prose, au terre à terre; et, dans ce cas, il est peut-être préférable de finir par ces paroles d'un général de là-bas, qui résument mieux, dans leur militaire et crâne crudité, toute l'ampleur du rôle joué par le Service automobile au printemps de 1916. Il regardait passer, rêveur, devant la « Citadelle inviolée, » une longue file de camions, qui revenaient de Souville. Il les désigna de la main; puis, avec simplicité :

— Il est certain, dit-il, que, sans ces bougres-là, nous étions f... !

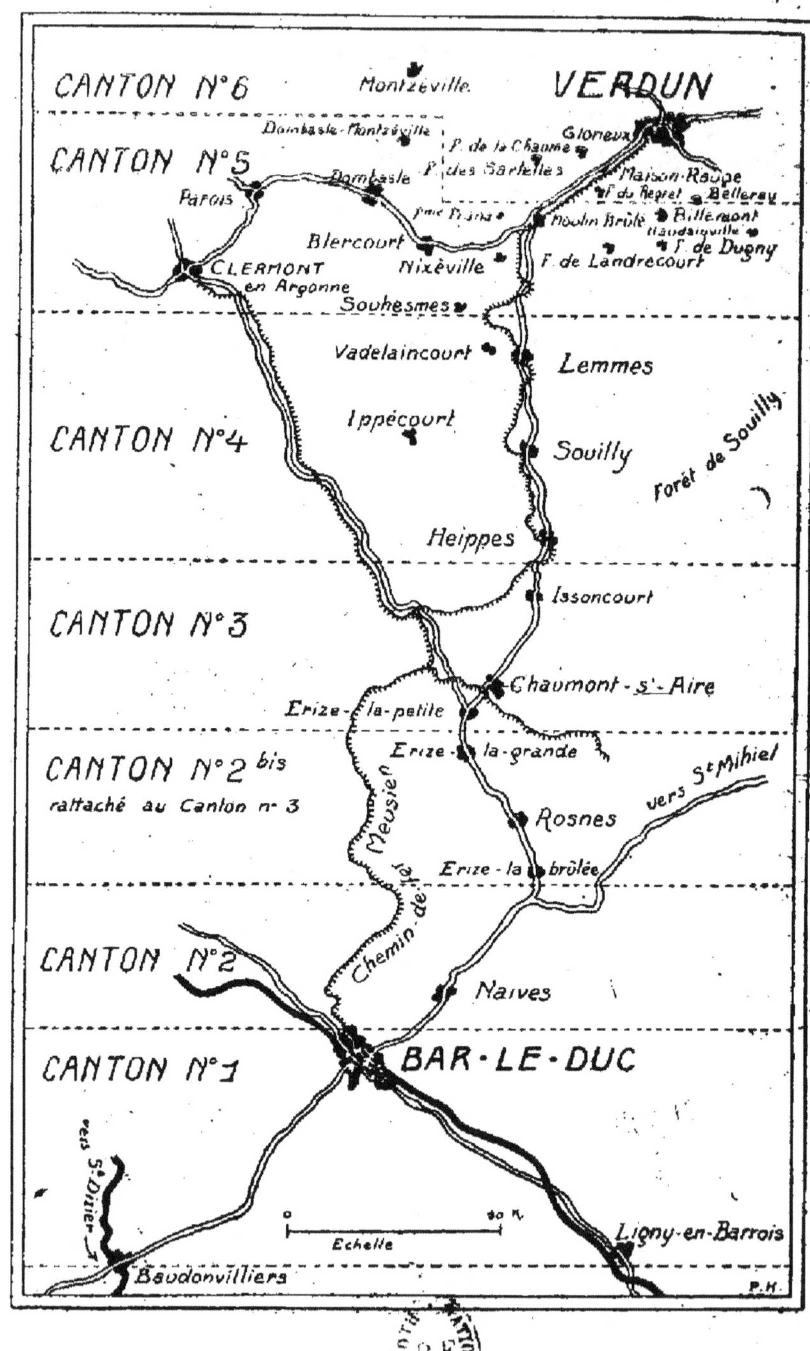

CANTON N° 6
CANTON N° 5
CANTON N° 4
CANTON N° 3
CANTON N° 2 bis
rattaché au Canton n° 3
CANTON N° 2
CANTON N° 1
VERDUN
Montzéville
Dombasle-Montzéville
Dombasle
Parois
Blercourt
CLERMONT
en Argonne
Nixéville
Souhesmes
Glorieux
F. de la Chaume
F. des Sartelles
Maison-Rouge
F. du Regret
Belleray
Moulin Brûlé
Billemont
Baudaiqville
F. de Dugny
F. de Landrecourt
Vadelaincourt
Lemmes
Ippécourt
Souilly
Forêt de Souilly
Heippes
Issoncourt
Chaumont-s'-Aire
Erize-la-petite
Erize-la-grande
vers St Mihiel
Rosnes
Erize-la-brûlée
Meusien
Chemin de fer
Naives
BAR-LE-DUC
vers St Dizier
Echelle
Ligny-en-Barrois
Baudonvilliers
P.H.

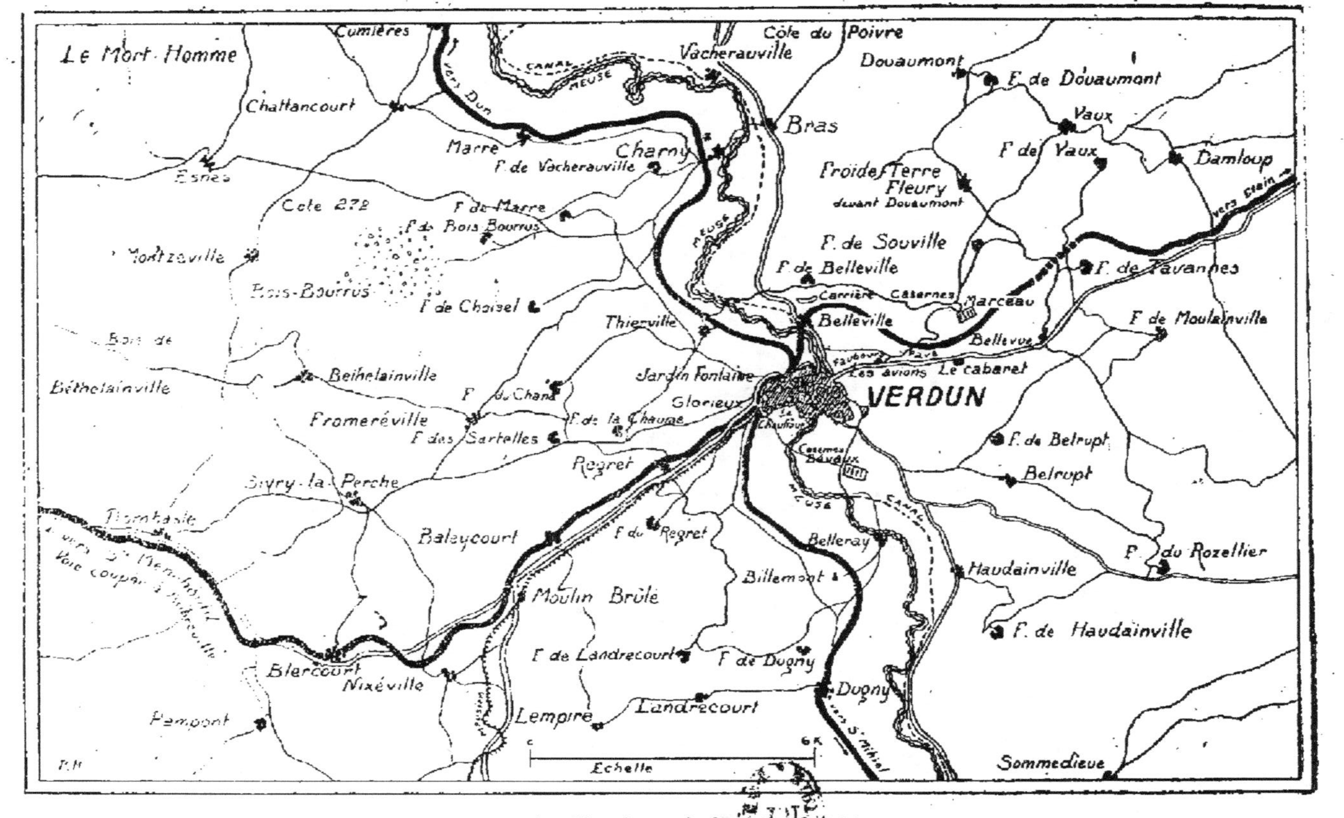

Carte de Verdun et des environs

TABLE DES MATIÈRES

Imprimerie Ed. CRÉTÉ
CORBEIL
— Août 1919 —